Le chômage

2e édition

Patrice POURCEL

Bréal
1, rue de Rome – 93561 Rosny Cedex

Retrouvez toute la collection

Thèmes & Débats

sur notre site

www.editions-breal.fr

ISBN 978-2-7495-0877-1

AVANT-PROPOS

L'objectif de la collection « Thèmes et Débats Économie » est de présenter de façon simple et accessible, mais néanmoins complète, l'essentiel des concepts et des mécanismes propres à un thème économique à travers ses débats et ses grandes questions.

Chaque chapitre est développé à partir d'une question simple. À chaque fois, les différentes théories ou courants de pensées en présence sont clairement exposés et aussi souvent que possible illustrés par des exemples. Cela permet au lecteur de maîtriser les principaux enjeux de chacune des facettes d'un problème économique.

Les ouvrages de cette collection s'adressent aux lycéens et aux étudiants qui doivent, dans leur cursus, s'initier aux sciences économiques, mais aussi à tous ceux qui s'intéressent aux grands débats économiques actuels.

Cet ouvrage, *Le chômage*, propose de rendre compte des principales analyses portant sur ce thème dans un souci de pluralité des approches. Il confronte de façon simple les théories économiques aux études empiriques afin de dégager les principaux enseignements sur le sous-emploi.

Notre objectif n'est pas d'apporter des réponses définitives mais d'offrir au lecteur, initié ou débutant, les quelques clés de lecture qui lui permettront de nourrir sa réflexion.

Le lecteur qui voudrait approfondir certains points pourra trouver une biblographie succinte à la fin de l'ouvrage.

Marc Montoussé

Directeur de la collection
« Thèmes et Débats Économie ».

SOMMAIRE

Introduction 6
Chapitre 1 - Y a-t-il une bonne statistique du chômage ? 7
1. – Le chômage au sens de Pôle emploi 8
2. – Le chômage au sens du BIT 10
3. – Comment expliquer les divergences constatées entre les deux sources statistiques ? 13
Chapitre 2 - Le chômage est-il sélectif ? 15
1. – Comment mesurer l'inégalité face au chômage ? 16
2. – Quelles sont les inégalités face au chômage ? 18
Chapitre 3 - La mondialisation facteur de chômage ? 23
1. – La montée en puissance des pays émergents 24
2. – Le débat sur les délocalisations 26
3. – Le débat sur le contenu en emplois des productions échangées 31
Chapitre 4 - Le progrès technique est-il facteur de chômage ? 33
1. – Définition et mesure du progrès technique 34
2. – La thèse de la fin du travail 35
3. – Présentation de la théorie de la compensation 37
4. – Critiques de la théorie de la compensation 39
Chapitre 5 - Le chômage est-il dû à une inadéquation de la population active aux emplois ? 43
1. – L'impact de la démographie et de la formation sur le chômage 44
2. – La population active : un déterminant du chômage à nuancer 50
Chapitre 6 - Le chômage résulte-t-il de dysfonctionnements du marché du travail ? 55
1. – Pour certaines analyses, le chômage s'explique par des dysfonctionnements du marché du travail 57
2. – Pour d'autres analyses, le marché du travail ne détermine pas le niveau de l'emploi 64
3. – La théorie des déséquilibres 67

Chapitre 7 - Le chômage est-il dû à un coût du travail trop élevé? 69

1. – Les effets ambivalents d'une hausse du coût du travail sur le chômage 70
2. – Les études empiriques montrent une faible sensibilité du chômage aux variations du coût du travail 73
3. – Le débat sur les charges sociales 77

Chapitre 8 - La flexibilité du travail peut-elle permettre de lutter efficacement contre le chômage? 81

1. – La flexibilité du travail peut être favorable à l'emploi 83
2. – Les études empiriques ne confirment pas le lien entre flexibilité et chômage 86
3. – La flexibilité du travail peut générer des effets pervers 88

Chapitre 9 - Une croissance durable pour lutter contre le chômage? 91

1. – La baisse du chômage dépend du contenu em emploi de la croissance 93
2. – La croissance ne peut pas à elle seule résorber le chômage 96

Chapitre 10 - La lutte contre le chômage passe-t-elle par la mise en œuvre d'une politique de relance? 101

1. – L'intégration européenne contraint les politiques de relance 103
2. – Les économistes libéraux récusent l'efficacité d'une relance 105
3. – L'intégration européenne permet une politique de relance concertée 107

Chapitre 11 - La réduction du temps de travail une solution au chômage? (l'exemple de la France) 109

1. – La RTT peut contribuer à faire reculer le chômage 111
2. – Mais des interrogations demeurent 113

Chapitre 12 - Est-ce que les dépenses actives pour l'emploi sont efficaces pour lutter contre le chômage? 117

1. – L'activation des dépenses pour l'emploi est souhaitable... 119
2. – ... mais ne va pas sans poser des problèmes 123

Bibliographie 127

Index 128

INTRODUCTION

Le concept de chômage tel que nous l'envisageons aujourd'hui n'apparaît qu'à la fin du XIXe siècle. Il est contemporain de la société salariale qui émerge progressivement sous l'effet de l'industrialisation et de l'urbanisation.

En effet, l'émergence du chômage suppose une séparation entre le temps de travail productif, destiné à procurer un revenu, et le temps de travail privé ou domestique (le plus souvent confondus dans les sociétés agraires). Le chômage apparaît lorsque le travailleur ne parvient pas à vendre sa force de travail à un employeur. Le chômage est donc le produit d'une organisation sociale dans laquelle l'emploi salarié devient la norme.

Dans nos sociétés, le travail constitue l'essentiel des revenus et conditionne l'accès à une grande partie des droits sociaux ; il est également un élément central de l'identité et du statut des individus. Dès lors, l'existence d'un chômage massif et durable est susceptible de remettre en cause la cohésion de nos sociétés. Il n'est donc pas surprenant que les débats portant sur les causes du chômage et les moyens d'y faire face soient vifs et nombreux, y compris parmi les économistes. S'il est vain d'attendre des réponses péremptoires nécessairement réductrices, on peut soumettre à un examen critique les principaux questionnements que soulève le thème du chômage.

CHAPITRE 1

Y a-t-il une bonne statistique du chômage ?

Comment mesurer le chômage ?

Le chiffre du chômage est devenu l'indicateur économique mensuel le plus attendu. S'il apparaît comme le reflet objectif de l'état du marché du travail à un moment donné, il n'en demeure pas moins une construction statistique qui peut prêter à discussion :

– les critères retenus pour considérer qu'une personne est au chômage sont conventionnels et comportent une certaine imprécision ;

– la frontière entre emploi, inactivité et chômage devient de plus en plus floue : le « halo » du chômage brouille les catégories statistiques traditionnelles.

La définition officielle que donne le Bureau International du Travail (BIT) est *a priori* simple en considérant comme chômeurs les personnes qui sont simultanément :

– sans travail ;

– disponibles pour travailler ;

– à la recherche d'un travail.

Les difficultés surgissent lorsqu'il s'agit de préciser les critères permettant de rendre opératoire cette définition.

Or, les deux principales sources en France que sont l'INSEE et le Pôle emploi (fusion de l'ANPE et des ASSEDIC) ont une interprétation spécifique de cette définition.

1. – Le chômage au sens de Pôle emploi

Chaque mois, Pôle emploi publie le nombre de chômeurs inscrits dans ses fichiers, ce sont les demandes d'emploi en fin de mois (DEFM). Si toutes les personnes qui recherchent un emploi peuvent s'inscrire à l'ANPE, c'est la catégorie A qui sert habituellement de baromètre

« officiel » du chômage. Il s'agit des chômeurs n'ayant pas du tout travaillé, inscrits à Pôle emploi et recherchant un emploi quel qu'il soit (CDI, CDD, temps partiel...).

Catégories statistiques	Définitions
A	Demandeurs d'emploi tenus de faire des actes positifs de recherche d'emploi, sans emploi.
B	Demandeurs d'emploi tenus de faire des actes positifs de recherche d'emploi, ayant exercé une activité réduite courte (moins de 78 heures au cours du mois)
C	Demandeurs d'emploi tenus de faire des actes positifs de recherche d'emploi, ayant exercé une activité réduite longue (plus de 78 heures au cours du mois)
D	Demandeurs d'emploi non tenus de faire des actes positifs de recherche d'emploi (en raison d'un stage, d'une formation, d'une maladie...), sans emploi.
E	Demandeurs d'emploi non tenus de faire des actes positifs de recherche d'emploi, en emploi (par exemple : bénéficiaires de contrats aidés).
A, B, C	Demandeurs d'emploi inscrits à Pôle emploi et tenus de faire des actes positifs de recherche d'emploi.
A, B, C, D, E	Demandeurs d'emploi inscrits à Pôle emploi.

Source : d'après DARES, Pôle emploi.

Les statistiques de Pôle emploi présentent plusieurs avantages. Elles sont d'abord exhaustives puisque tous les inscrits sont comptabilisés. Elles ont aussi l'avantage de pouvoir être exploitées tous les mois dans un délai très court, ce qui en fait le seul indicateur conjoncturel du chômage, disponible en outre à un niveau géographique détaillé.

Mais la logique administrative de Pôle emploi explique qu'elle ne comptabilise que les inscrits sur ses listes (logique d'indemnisation et de gestion des droits sociaux). Or, tous les demandeurs d'emploi ne font pas cette démarche. Par exemple, les chômeurs âgés de 15 à 24 ans s'inscrivent moins souvent à Pôle emploi que les autres catégories d'âge. En revanche, ne sont pas défalqués ceux qui ne cherchent pas effectivement un emploi mais qui renouvellent leur inscription comme certains chômeurs « découragés ».

Par conséquent, la principale limite de cette statistique est qu'elle est très sensible aux modifications de la législation sociale et de la réglementation en matière de gestion administrative mais aussi des comportements d'inscription des chômeurs. De fait, cette mesure ne reflète donc pas toujours l'évolution réelle du chômage. Pôle emploi procède aussi de temps à autre au « toilettage » de ces listes : elle radie les personnes qui ne répondent pas aux convocations de l'agence aux entretiens proposés.

Bien qu'une mesure objective du chômage soit illusoire, de tels changements nourrissent le soupçon récurrent de « manipulation » qui pèse sur le chiffre du chômage.

2. – Le chômage au sens du BIT

Le chômage au sens du BIT est mesuré au travers de l'enquête Emploi effectuée par l'INSEE (Institut National de la Statistique et des Études Économiques) chaque trimestre auprès d'un échantillon d'environ 54 000 logements renouvelé d'1/6e d'un trimestre sur l'autre, sélectionnés de façon aléatoire (tirage au sort).

L'INSEE dénombre la population sans emploi à la recherche d'un emploi (PSERE) à partir des critères édictés par le BIT qui s'avèrent particulièrement stricts. Ainsi le premier critère, être sans travail, exclut du chômage toutes les personnes déclarant avoir exercé une occupation ou qui ont travaillé, ne serait-ce qu'une heure, au cours de la semaine de référence. La définition est ici exagérément restrictive.

En ce qui concerne le deuxième critère, sont considérées comme disponibles les personnes qui peuvent commencer à travailler dans un délai de quinze jours.

Enfin l'appréciation du troisième critère, rechercher activement un travail, est relativement souple : le chômeur doit au moins pouvoir justifier d'un contact avec un conseiller du service public de l'emploi (voir encadré).

Par rapport aux statistiques de Pôle emploi, l'avantage de l'enquête Emploi résulte d'un comptage qui a pour but explicite la mesure du chômage, et qui s'appuie sur une définition du chômage internationalement reconnue (celle du BIT). Elle échappe donc aux changements réglementaires ou administratifs et permet en outre de réaliser des comparaisons internationales.

Toutefois, la définition excessivement restrictive des critères retenus représente la principale limite de cette statistique.

Changement méthodologique dans l'estimation du taux de chômage

À l'automne 2007, l'Insee a changé la méthodologie d'estimation du chômage qui repose désormais uniquement sur l'enquête Emploi trimestrielle. [...] La principale innovation est la réalisation, chaque trimestre, d'une enquête postale sur la non-réponse. Cette dernière est adressée aux personnes dont la réponse n'a pas été recueillie dans l'enquête Emploi (par exemple parce qu'elles étaient impossibles à joindre au moment de la collecte de l'enquête). Les résultats de l'enquête sur la non-réponse sont pris en compte dans le calcul du taux de chômage. L'Insee a également perfectionné ses méthodes de pondération à partir de données démographiques, en particulier au niveau de chacune des régions. [...]

Parallèlement à ces changements méthodologiques, l'Insee a adopté l'interprétation communautaire des critères du BIT, notamment en rendant la définition de la recherche d'emploi plus restrictive. En particulier, le simple renouvellement de l'inscription à Pôle emploi n'est plus considéré comme une démarche active de recherche d'emploi ; il l'est s'il s'accompagne par exemple d'un contact avec un conseiller du service public de l'emploi au cours du mois précédent l'enquête. Ce rapprochement a été opéré de façon à harmoniser au niveau européen les statistiques du marché du travail, ce qui facilite les comparaisons internationales.

L'ensemble de ces changements, méthodologiques et d'interprétation, a fait baisser le niveau du chômage d'environ 1 point en comparaison de l'ancien taux publié par l'Insee, mais n'a pas affecté les séries en évolutions telles qu'elles étaient mesurées par l'enquête Emploi.

Source : Insee, France, portrait social – édition 2008.

3. – Comment expliquer les divergences constatées entre les deux sources statistiques ?

Compte tenu des différences de méthode et l'application plus ou moins stricte des trois critères du chômage, il n'est pas surprenant que ces deux indicateurs conduisent à des résultats différents. En revanche, depuis le milieu des années 1980, on constate un découplage entre les deux séries statistiques de l'INSEE et de Pôle emploi (avec un chiffre du chômage BIT moins élevé).

Une première explication tient à des comportements d'inscription différents selon les chômeurs. La reprise de l'emploi à la fin des années 1980 puis des années 1990 a davantage profité aux plus employables qui sont aussi les moins nombreux à être inscrit à Pôle emploi. La seconde explication repose sur les mutations du marché du travail qui ont brouillé les frontières de l'emploi et du chômage. En effet, près du tiers des demandeurs d'emploi exercent une « activité occasionnelle ou réduite » leur faisant perdre *ipso facto* le label chômeur BIT.

Plus généralement, les situations intermédiaires entre l'emploi, le chômage et l'inactivé se sont développées créant un véritable « halo » du chômage.

– la frontière entre chômage et emploi s'estompe. Le développement des emplois atypiques (temps partiel subi, intérim, CES…) multiplie les « cas limites » ;

– la frontière entre inactivité et chômage est elle aussi floue : d'un côté, l'existence de chômeurs découragés, de l'autre, les dispositifs de cessation anticipée d'activité (préretraites), les dispenses de recherche d'emploi et les stages de formation révèlent un potentiel de main d'œuvre parmi les inactifs.

L'existence d'un chômage « déguisé » camoufle une partie de la réalité du chômage. Le sous-emploi a fortement progressé comme en témoigne la comparaison des taux d'activité entre pays. Le taux d'activité (calculé sur une population d'hommes et de femmes âgés de 15 à 64 ans) en France s'élevait à 69,5 % en 2005, un niveau sensiblement inférieur à celui enregistré dans la plupart des pays de l'OCDE : ce taux est de 79,8 % au Danemark, de 76,3 % au Royaume-Uni, etc. Ces écarts s'expliquent par les taux d'activité particulièrement bas enregistrés en France en début et en fin de vie active : en 2007, le taux d'activité des 15-24 ans s'élevait à 31,8 % pour les femmes et 38 % pour les hommes ; chez les 50-64 ans, il représentait respectivement 55,2 % et 62,2 %. Ces résultats montrent l'ampleur du sous-emploi en France. Le traitement social du chômage (stages, préretraites, dispenses de recherche d'emploi...) et la précarisation des emplois (CDD, intérim, temps partiel subit) allègent les statistiques du chômage mais accroît le « halo ».

Face à la multiplication de ces statuts intermédiaires, il serait vain de vouloir mesurer le chômage par un chiffre « objectif ». Le rapport Malinvaud de 1986 insistait déjà sur la nécessité de « renseigner sur le sous-emploi et l'emploi-formation » sans que cela se traduise réellement dans les faits. Seule une batterie d'indicateurs permettrait pourtant de rendre compte des dysfonctionnements du marché du travail au risque de rendre un peu plus opaque encore pour l'opinion la statistique du chômage.

CHAPITRE 2

Le chômage est-il sélectif ?

Le taux de chômage, qui est le rapport entre le nombre de chômeurs et la population active (laquelle correspond à la somme des personnes occupant un emploi et des chômeurs) multiplié par cent, a progressé en Europe presque de manière ininterrompue depuis 1974.

En France, il passe de 2,4 % avant le premier choc pétrolier (taux de chômage que l'on peut juger d'incompressible) à plus de 10 % en 1987, puis ne diminue que d'un point pendant la reprise économique de la fin des années 1980, pour enfin culminer en 1996 à 12,4 %. À partir de 1997, une croissance vigoureuse a permis de nombreuses créations d'emplois : 580 000 emplois nets créés en 2000, après 540 000 en 1999 et 410 000 en 1998.

Parallèlement, le nombre de demandeurs d'emploi a diminué de 797 000 personnes entre juin 1997 et juillet 2001, dont 336 000 de moins pour la seule année 2000. Le taux de chômage a reculé de 3,5 points en quatre ans pour se situer aux alentours de 9 %. Ces évolutions récentes conjuguées à une moindre progression de la population active ont pu laisser espérer un retour rapide au plein emploi. Pourtant, cet optimisme mérite d'être tempéré : Le chômage repart à la hausse depuis fin 2008, ce qui montre l'extrême sensibilité de la situation de l'emploi face aux à-coups de la conjoncture. Il subsiste un chômage de masse qui frappe plus de deux millions et demi de personnes en 2009. Enfin, le chômage touche de manière inégale les différentes catégories de la population.

1. – Comment mesurer l'inégalité face au chômage ?

Le chômage ne touche pas de manière identique toutes les catégories de main-d'œuvre. On dispose de plusieurs indicateurs pour mesurer ces disparités :

– on peut calculer un indice de sélectivité du chômage en faisant le rapport : taux de chômage de la catégorie dc main-d'œuvre concernée (en pourcentage) / taux général de chômage (également en pourcentage). Un rapport supérieur à 1 signifie que le risque de chômage est plus élevé pour la catégorie concernée. Par exemple, en mars 2007 le taux de chômage des femmes est 1,15 fois supérieur au taux de chômage général (hommes et femmes confondus) ;

– on peut aussi calculer un indice de vulnérabilité qui mesure le risque qu'encourent les actifs occupés d'une catégorie de devenir chômeurs. Il se définit par le rapport : taux d'entrée en chômage de la catégorie de main-d'œuvre concernée (en %) / taux global d'entrée en chômage (également en %). Si ce rapport est supérieur à 1, la catégorie en question est plus vulnérable que la moyenne et donc plus sujette à la précarité ;

– on peut enfin calculer un indice d'employabilité qui mesure la capacité d'une catégorie de chômeurs à retrouver un emploi. Le rapport est le suivant : ancienneté de la recherche d'un emploi de la catégorie de main-d'œuvre concernée / ancienneté de la recherche d'un emploi de l'ensemble des chômeurs, en mois. Si le rapport est supérieur à l'unité, la catégorie de main-d'œuvre observée est plus employable que la moyenne, donc avantagée pour retrouver un emploi.

Toutes les catégories d'actifs ne combinent pas sélectivité, vulnérabilité et employabilité de la même façon. Par exemple, les jeunes sont en moyenne plus vulnérables que les autres catégories compte tenu de la plus grande précarité de leur emploi et de leur moindre expérience mais bénéficient d'une meilleure employabilité que leurs aînés. Ainsi, les jeunes de moins de 25 ans sont les premiers à bénéficier de la reprise économique mais ils sont aussi les premiers à être touchés par la hausse du chômage. Il y a donc une surréaction du chômage des jeunes par rapport à la conjoncture.

A contrario, la sélectivité et la vulnérabilité des travailleurs âgés sont faibles (protection, ancienneté... concourent à une meilleure insertion dans l'entreprise) mais leur employabilité est faible (l'employabilité décroît avec l'âge mais augmente avec le niveau de qualification).

2. – Quelles sont les inégalités face au chômage ?

Si la forte baisse du chômage enregistrée à partir de la fin des années 1990 a profité à toutes les catégories, elle n'a toutefois pas remis en cause les inégalités devant le risque de chômage. Le chômage frappe davantage les jeunes, les femmes, les actifs peu diplômés, certaines régions de France et les catégories socioprofessionnelles les plus défavorisées comme celles des employés et des ouvriers.

a. – Le chômage selon l'âge

En mars 2007, le taux de chômage des jeunes (âgés de 15 à 24 ans) est supérieur de douze points à celui des actifs âgés de 25 à 49 ans et de plus de treize points comparé à celui des plus de 50 ans. L'insertion des jeunes sur le marché du travail est plus délicate que pour les autres âge ; l'alternance de périodes d'emplois précaires ou aidés et de chômage devient la norme avant l'obtention d'un emploi stable. Un jeune sur quatre n'a pas d'emploi stable trois ans après sa sortie du système éducatif. Ils n'étaient qu'un sur dix au début des années 1980. En outre, l'accès à l'emploi s'accompagne, au moins dans un premier temps, d'un déclassement par rapport au diplôme obtenu. Il est à noter que le faible taux d'activité des jeunes en France (allongement dc la durée de la scolarité et accroissement des places en stage) conduit à nuancer ces résultats : si l'on reporte le nombre de jeunes demandeurs d'emploi à l'ensemble de leur classe d'âge (part de chômage), ceux-ci représentent moins d'un jeune sur dix.

b. – Le chômage selon le genre

Quelles que soient la tranche d'âge et la situation sociale, les femmes sont davantage frappées par le chômage que les hommes. Le taux de chômage est de 8,5 % en mars 2007 pour les premières et de 7,4 % pour les seconds. Le niveau de formation n'explique pas ce « surchômage » puisque les actives sont en moyenne aujourd'hui plus diplômées que les hommes. L'explication essentielle tient à la localisation sectorielle de l'emploi des femmes. Elles sont surreprésentées dans le tertiaire et en particulier dans la catégorie « employé » qui compte 80 % de femmes. Or, ce groupe socioprofessionnel est particulièrement touchée par le chômage. Il faut citer également les pratiques discriminatoires à l'embauche et les pesanteurs socioéconomiques qui freinent leur insertion professionnelle. Si on observe une réduction continue de l'écart entre le taux de chômage des hommes et des femmes depuis la fin des années 1980, il faut préciser que leur durée de chômage est en moyenne plus élevée.

c. – Le chômage selon le diplôme

Le taux de chômage est fortement lié au niveau de diplôme. Les actifs sans diplôme ont un taux de chômage trois fois plus important que les diplômés du supérieur. Le rôle protecteur du diplôme est particulièrement vérifié

Tableau – Caractéristiques socio-démographiques du chômage

	Mars 1997	Mars 2000	Mars 2007
	Chômeurs (milliers)		
Ensemble	**3 195**	**2 590**	**2 215**
Hommes	1 496	1 185	1 094
Femmes	1 609	1 405	1 121
	Taux de chômage selon le sexe et l'âge (%)		
Ensemble	**12,3**	**10,0**	**8,0**
15-24 ans	28,1	20,7	19,3
25-49 ans	11,5	9,5	7,3
50 ans et plus	8,5	7,4	5,4
Hommes	**10,8**	**8,4**	**7,4**
15-24 ans	24,5	18,4	20,2
25-49 ans	9,9	7,7	6,6
50 ans et plus	8,0	6,7	5,2
Femmes	**14,1**	**11,9**	**8,5**
15-24 ans	32,8	23,7	18,6
25-49 ans	13,3	11,6	7,3
50 ans et plus	9,2	8,3	5,6
	Taux de chômage selon le diplôme (%)		
Sans diplôme ou CEP	17,5	16,2	13,2
BEPC, CA, BEP	11,4	9,4	7,8
Baccalauréat	11,4	8,9	7,1
Bac + 2	8,2	5,3	5,2
Diplôme supérieur	7,3	5,6	5,6
	Taux de chômage de quelques groupes socioprofessionnels (%)		
Cadres, prof. intel. sup.	5,1	3,7	3,3
Prof. intermédiaires	7,0	5,5	4,5
Employés	14,4	12,4	8,1
Ouvriers	15,8	12,4	10,7

Source : Enquêtes Emploi, INSEE.

pour les jeunes en phase d'insertion, c'est-à-dire sortis de formation initiale depuis moins de cinq ans. N'ayant pas

d'expérience à faire valoir, le diplôme joue un rôle de « signal » auprès des entreprises qui donnent un avantage comparatif aux jeunes les plus titrés. De même, le diplôme facilite le passage d'un emploi précaire à un emploi stable. Parmi les jeunes en phase d'insertion, la part des non diplômés à être en emploi stable est trois fois inférieure à ceux ayant au moins le baccalauréat.
Le diplôme protège du chômage mais pas du déclassement : dans un contexte d'élévation du niveau de formation et de sous-emploi généralisé, une partie des actifs diplômés sont contraints d'accepter des emplois ne correspondant pas à leur niveau de qualification. Mais ce faisant, ils évincent les catégories les moins diplômées et participent au « sur-chômage » de ces derniers. Ce phénomène montre les limites d'une politique visant à élever le niveau de formation pour faire reculer le chômage.

d. – Le chômage selon le groupe socioprofessionnel

On peut d'abord constater que les indépendants sont moins touchés par le chômage que les salariés. On peut l'expliquer par le fait que les exploitants agricoles, les artisans et commerçants, les chefs d'entreprise et les professions libérales sont propriétaires de leurs moyens de production et, à ce titre, moins vulnérables que les salariés qui ne disposent que de leur force de travail.

Parmi les salariés, les taux de chômage reflètent les hiérarchies professionnelles. Bien que les employés et les ouvriers aient pleinement profité de la reprise économique entre 1997 et 2001, l'écart relatif avec la catégorie « cadres » ne s'est pas réduit : il se maintient dans un rapport de un à trois. Au sein de la catégorie « ouvriers », le taux de chômage des non qualifiés est environ le double de celui des qualifiés. Ce constat montre qu'un niveau de qualification élevé permet au salarié d'occuper une place dans la division du travail qui le protège relativement du chômage. *A contrario*, un travailleur peu qualifié pourra être plus facilement remplacé par une machine ou… un autre salarié !

e. – Le chômage selon les régions

Il existe aussi des inégalités spatiales face au chômage. On constate que le nord de la France et les départements méditerranéens connaissent un taux de chômage supérieur à la moyenne nationale tandis que d'autres régions comme l'Alsace ou Rhône-Alpes sont en situation de quasi plein-emploi.

Le faible taux de chômage peut s'expliquer, comme dans le Bas-Rhin par exemple, par un fort dynamisme économique mais aussi par la désertification de certaines régions comme le Limousin qui perd une partie significative de ses actifs, partis cherchés du travail vers d'autres territoires.

Pour des raisons inverses, l'héliotropisme attire une population nombreuse dans certaines régions comme Provence-Alpes-Côte d'Azur (près de 12 % de taux de chômage), tandis que d'autres, comme le Nord-Pas-de-Calais, continuent de souffrir des restructurations de l'appareil industriel.

Bien entendu, les inégalités se cumulent : être une jeune immigrée sans diplôme, employée ou ouvrière, habitant le pourtour méditerranéen, accroît considérablement les risques de chômage.

CHAPITRE 3

La mondialisation facteur de chômage ?

1. – La montée en puissance des pays émergents

Le poids croissant que représente les « pays émergents » dans les échanges de produits manufacturés expliquerait pour certains l'augmentation du chômage dans les pays industrialisés. Longtemps limitée à une quinzaine de nations dont les quatre « dragons » d'Asie du Sud-Est (Taiwan, Singapour, Hong-Kong, Corée du Sud), la concurrence s'élargit maintenant à ce que Pierre-Noël Giraud appelle les « pays à bas salaires et à capacités technologiques » (PBSCT).

Répartition par région
des exportations de marchandises, en %

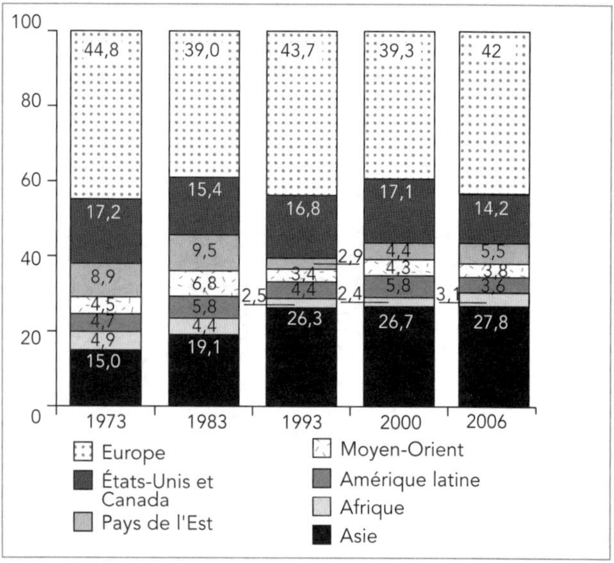

Source : OMC.

Il s'agit de la Chine (dont l'entrée à l'OMC a été officialisée le 11 décembre 2001), de l'Inde, du Brésil et d'une partie de l'Europe de l'Est qui disposent d'une part d'une population nombreuse et d'autre part d'une capacité technologique sans commune mesure avec celle dont disposaient les Nouveaux Pays Industrialisés (NPI) au moment de leur rattrapage économique dans les années soixante. Les PBSCT bénéficient d'entrée de jeu de transferts de technologie de la part des firmes multinationales (FMN) qui les rendent compétitifs sur les marchés extérieurs, y compris dans les industries de haute technologie. Ces pays émergents vont inévitablement développer leurs efforts à l'exportation et attirer chez eux des entreprises étrangères. On peut aussi s'attendre à une concurrence accrue dans les services exportables, qu'il s'agisse des transports, du tourisme, des services informatiques, etc.

L'évolution de la répartition par région des exportations de marchandises montre la montée en puissance de l'Asie : alors qu'elle ne représentait que 15 % des exportations mondiales de marchandises en 1973, elle en réalise plus du quart en 2006.

Les principaux perdants sont l'Europe, dont le poids recule de plus de cinq points, les pays de l'Est (– 4,5 points) et l'Afrique qui reste pour l'essentiel à l'écart des échanges internationaux.

En outre, la division internationale du travail (DIT) traditionnelle qui reposait sur une spécialisation des PED dans les produits primaires et des pays du Nord dans les produits manufacturés est aujourd'hui obsolète (mais a-t-elle réellement existé ?) : les produits manufacturés représentent désormais plus de la moitié des exportations du Sud à destination du Nord, cette part s'élèvant même à 85 % pour le Mexique et plus de 90 % pour la Chine à la fin des années 2000.

2. – Le débat sur les délocalisations

L'émergence de certains pays en développement, en particulier en Asie, a suscité des craintes dans certains pays industrialisés, souvent touchés par un chômage massif. La faiblesse des coûts salariaux dont bénéficient les PED serait à l'origine de l'augmentation du chômage dans les pays du Nord, en particulier des travailleurs peu qualifiés. Il faut noter que ces craintes se sont amplifiées depuis l'élargissement de l'Union européenne à 27 avec l'entrée de pays à faible coût de main-d'œuvre comme la Pologne ou la Roumanie. En effet, la comparaison des coûts salariaux horaires en 2006 au sein même de l'UE montre des disparités considérables : ils varient dans un rapport de 1 à 20, et que dire de la Chine ou de l'Inde où le coût salarial est voisin de 0,50 cents d'euro de l'heure !

Coût horaire de la main-d'œuvre dans quelques pays européens en 2006 (en euros)

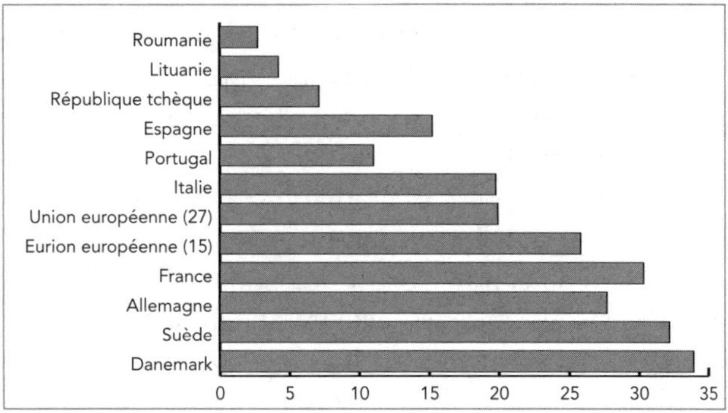

Source : Eurostat.

Pour faire face à la concurrence des PED, les pays industrialisés n'auraient que l'alternative suivante : soit diminuer les coûts salariaux des travailleurs exposés à la concurrence des NPI, soit délocaliser les productions dont la compétitivité-prix est insuffisante. Dans la mesure où il y a (une certaine) rigidité à la baisse des coûts salariaux dans les PDEM, la seconde proposition est celle qui a le plus de chance de se concrétiser.

Aux États-Unis, le candidat à la présidentielle Ross Perot stigmatisait le « bruit de succion géant » (*giant sucking sound*) qu'exerçait le Mexique sur les emplois américains dans le cadre de l'ALENA. En France, le rapport Arthuis (Rapport du Sénat, 1993) est emblématique des craintes (fantasmes ?) que suscitent les délocalisations. Il estime que trois à cinq millions d'emplois supplémentaires sont alors menacés directement par le mouvement de délocalisation.

Signalons qu'il existe un débat sur la définition du champ des délocalisations qui n'est pas sans incidence sur les conséquences fiscales et économiques qu'on leur prête. J. Arthuis en donne la définition suivante : « la délocalisation consiste pour des produits qui pourraient être fabriqués et consommés dans une même aire géographique, à séparer les lieux de production des lieux de leur consommation. En d'autres termes, il s'agit pour le gestionnaire de fabriquer là où c'est le moins cher et de vendre là où il y a du pouvoir d'achat ». Le champ est ici très extensif et contribue à surestimer les effets négatifs des délocalisations. Les délocalisations qui focalisent l'attention sont celles qui, à l'instar de l'entreprise Hoover (en 1993, la décision de cette entreprise de délocaliser son usine d'aspirateurs de Longvic-Bourgogne à Cambuslang-Écosse avait suscité une vive émotion) se traduisent par le transfert à l'étranger de tout ou partie des capacités de production afin de réimporter ensuite le produit.

Dans ce cas, il faut ajouter aux destructions d'emplois consécutives aux délocalisations les réactions des entreprises concurrentes qui devront opter pour la même stratégie afin de préserver leur compétitivité. Ainsi, Peugeot a décidé de produire en collaboration avec Toyota son véhicule de segment inférieur en Pologne pour répondre à Renault qui construit un véhicule comparable en Roumanie, via sa filiale Dacia.

Plus généralement, la concurrence exacerbée que se livrent entre eux les pays industrialisés pour dominer les secteurs non encore investis par les pays émergents les conduit à accélérer la course aux gains de productivité et à l'automatisation des productions, avec à la clé des destructions d'emplois.

L'augmentation du chômage réduit la demande intérieure et contribue à exercer une pression à la baisse sur les salaires. Un cercle vicieux peut alors s'installer, l'atonie de la demande poussant les entreprises à se délocaliser pour gagner en compétitivité-prix et ainsi préserver leur position sur un marché déprimé.

Mais ce sont les travailleurs les moins qualifiés des pays industrialisés qui ont le plus à craindre de la concurrence des pays à bas salaires puisque les pays émergents sont spécialisés dans des produits incorporant beaucoup de facteur travail tandis que les pays du Nord restructurent leur appareil productif dans des produits à haute valeur ajoutée requérant du travail qualifié. Les travailleurs « routiniers » occupant une place subalterne dans la division du travail, ils sont directement en compétition avec les salariés des pays à bas salaires. C'est aussi le cas des emplois de service aux personnes (employés de commerce ou de restaurant, vigiles, etc.) qui sont mis en concurrence avec les travailleurs migrants venant des pays à bas salaires.

Cela peut se traduire par un creusement des inégalités, c'est du moins ce que montre le théorème de Wolfgang F. Stopler et Paul A. Samuelson : le principe des avantages comparatifs enseigne que les pays développés doivent se spécialiser dans des produits intensifs en travail qualifié (facteur dont ils sont le mieux doté) et importer des biens incorporant beaucoup de travail non qualifié. La demande de travail qualifié va accroître son prix tandis que celui du travail non qualifié va le diminuer. Et inversement dans les pays à bas salaires. Il en résulterait une chute du salaire réel des travailleurs peu qualifiés dans les PDEM.

Pourtant, les craintes que suscitent les délocalisations doivent être nuancées.

– Les Investissements Directs à l'Étranger (IDE), c'est-à-dire la création ou la prise de contrôle d'une entreprise sur un territoire étranger, représentent entre 5 et 10 % de l'investissement intérieur, selon les années.

– Près des 2/3 des stocks d'IDE se concentrent entre l'UE (pour plus d'un tiers) et les États-Unis (pour 1/5). Pour ce premier, la libre circulation des biens, des capitaux et des personnes, puis l'adoption de l'euro ont constitué autant d'atouts pour les firmes transnationales désireuses de se développer. La qualité de leur main-d'œuvre et de leurs infrastructures, le niveau de vie élevé de la population, la forte taille de leurs marchés et les facilités pour mener à bien des fusions-acquisitions plaident aussi en faveur des États-Unis et de l'Europe en matière d'IDE.

– Si les PDEM sont à l'origine de plus de 80 % des IDE, ils sont aussi les récipiendaires des deux tiers du total mondial des IDE. En 1999, l'Union européenne a accueilli 57,8 % des investissements directs français, les autres pays (hors États-Unis et Japon) seulement 8,9 %.

– En conséquence, les principaux bénéficiaires des IDE sont les pays développés eux-mêmes, ce qui relativise les craintes de délocalisation par la recherche de faibles coûts salariaux.

– La majorité des IDE à destination des PED vise à pénétrer le marché local et non à se substituer à une production domestique.

– Ne tenir compte que des coûts salariaux sans les rapprocher de la productivité du travail n'a pas de sens. En effet, l'écart de rémunération du travail est en partie compensé par une productivité d'autant plus faible que le pays est plus pauvre et le salaire plus bas.

Autrement dit, il est indifférent pour une entreprise de payer dix fois plus cher sa main-d'œuvre si celle-ci permet aussi de produire dix fois plus de richesse. Le coût salarial par unité produite reste inchangé. Si l'on tient compte de l'efficacité du travail des salariés des pays industrialisés, l'écart entre les deux groupes de pays se resserre.

– Les coûts liés à une implantation lointaine diminuent sensiblement l'attrait des pays à bas salaires : transport, délais, sécurité, qualité… sont autant de facteurs à prendre en compte.

– Les firmes qui ont délocalisé tout ou partie de leur production peuvent améliorer leur rentabilité et développer sur le territoire domestique des activités nouvelles et créer ainsi des emplois.

– L'intensification de la concurrence que génère les délocalisations pousse à augmenter la qualification moyenne de la main-d'œuvre, à accélérer les gains de productivité, à concentrer l'appareil productif afin de réaliser des économies d'échelle et à développer des innovations, qu'elles soient de procédé pour abaisser les coûts ou de produit pour bénéficier au moins ponctuellement d'une rente de monopole.

– Enfin, le résultat du commerce international n'est pas forcément un jeu à somme nulle, il peut profiter à tous. On peut citer le cas du Japon qui, par ses délocalisations dans les pays périphériques, a contribué à leur enrichissement au point de représenter aujourd'hui un marché significatif pour les produits japonais. En effet, la baisse des prix des produits importés permet de libérer du pouvoir d'achat et stimule la demande de nouveaux biens et surtout de nouveaux services (*cf.* loi d'Engel) dans les PDEM. Les pays à bas salaires peuvent à leur tour accroître leurs importations, solvabilisées par leur accumulation de richesses.

3. – Le débat sur le contenu en emplois des productions échangées

Il faut tout d'abord préciser que les échanges avec les pays à bas salaires représentent une faible part du PIB des pays industrialisés (inférieure à 3 %) et sont pratiquement équilibrés. Certes, en 2007, l'Europe enregistre son plus fort déficit commercial bilatéral avec la Chine pour un montant de 160 milliards d'euros, mais réalise un excédent avec Hong Kong, Singapour, la Turquie…

Reste à confirmer si ces échanges, convertis en postes de travail, sont à l'origine d'une perte d'emplois.

En effet, les pays développés importent plutôt des produits à faible valeur ajoutée, fabriqués avec beaucoup de main-d'œuvre peu qualifiée, alors qu'ils exportent des produits de haute technicité, requérant un personnel moins nombreux mais bien formé. Autrement dit, un équilibre en euros de la balance commerciale peut s'accompagner d'un déséquilibre en emplois. Le principe revient à calculer le flux d'emplois incorporés dans les flux commerciaux, c'est-à-dire le solde net entre les emplois correspondant aux ventes à l'exportation et les emplois créés si une production domestique se substituait aux importations.

Malgré les difficultés d'évaluation, les estimations économétriques ne confirment pas les analyses alarmistes de destructions massives d'emplois dans les PDEM du fait de la concurrence des pays à bas salaires. Selon D. Cohen (*La mondialisation, bouc émissaire d'une réalité interne*) : « si nous faisons le solde du contenu en emplois (perdus) de nos importations en provenance de pays à bas salaires et du contenu en emplois (créés) de nos exportations à ces mêmes pays, nous constatons que nos échanges avec les « pays pauvres » ont détruit entre 150 000 et 300 000 emplois : c'est la fourchette maximum que retiennent tous les économistes qui ont sérieusement étudié cette question ».

Si l'impact macroéconomique des délocalisations sur l'emploi est finalement limité, la forte concentration des pays à bas salaires sur quelques secteurs intensifs en main-d'œuvre a pu toucher, parfois rudement, des pans entiers de l'industrie au Nord. Par exemple, le poids grandissant des exportations mondiales des PED dans le textile/habillement impacte lourdement ce secteur des pays développés ; on constate en France une chute de plus de la moitié des effectifs de ce secteur sur les quinze dernières années. Les effets sont d'autant plus dévastateurs lorsqu'une usine ferme alors qu'elle est le principal pourvoyeur d'emplois dans une petite ville.

Même s'il ne faut pas négliger les risques qu'elles font peser sur les travailleurs peu qualifiés en particulier, la concurrence des pays à bas salaires ne doit pas servir d'alibi pour une déréglementation totale du marché du travail ou pour mettre en œuvre des pratiques protectionnistes préjudiciables à tous. Elles invitent à réfléchir sur les moyens de renforcer les avantages comparatifs de chaque pays.

CHAPITRE 4

Le progrès technique est-il facteur de chômage ?

1. – Définition et mesure du progrès technique

Le progrès technique est une notion très large : il s'agit des innovations transformant les méthodes et les moyens de production, l'organisation du travail, les marchés et plus globalement la structure de l'économie. Dans tous les cas, le progrès technique améliore la productivité globale des facteurs, c'est-à-dire le rapport entre la production et la quantité de facteurs nécessaires pour la réaliser.

L'économiste autrichien Joseph Aloïs Schumpeter (1883-1950) distingue cinq types d'innovation :

– la fabrication d'un bien nouveau ou l'attribution à un bien d'une qualité nouvelle qui le rend différent (CD enregistrable…) ;

– l'introduction d'une nouvelle méthode de production ou de distribution (vente par correspondance…) ;

– l'ouverture d'un débouché nouveau, d'un marché où, jusqu'à présent, le produit n'a pas pénétré (ouverture du marché chinois…) ;

– la conquête d'une nouvelle source de matière première (le nucléaire…) ;

– la réalisation d'une nouvelle organisation productive (toyotisme…) ou de nouvelles structures de marché (oligopoles, monopoles).

Pour évaluer le progrès technique, Robert B. Solow utilise la méthode du « résidu », c'est-à-dire la part inexpliquée (résiduelle) de la croissance, une fois retirées les contributions du travail et du capital. Cette démarche conduit à définir un progrès technique autonome : il intervient comme un troisième facteur, distinct du capital et du travail.

La plupart des études empiriques, comme celle conduite par J.-J. Carré, P. Dubois et E. Malinvaud en 1972

(*La croissance française*) ou les travaux de Denison aux États-Unis, aboutissent à des résultats voisins, à savoir que ce « résidu » explique plus de la moitié du taux de croissance.

Une autre approche envisage le progrès technique comme « incorporé » en partie ou en totalité aux facteurs capital et travail. Il est alors généré par l'activité elle-même, l'investissement constituant le vecteur privilégié du progrès technique.

2. – La thèse de la fin du travail

Ce débat émerge dès la Révolution industrielle, au moment où le machinisme fait son entrée dans les manufactures. Le progrès technique fait craindre des destructions massives d'emplois et une remise en cause de la cohésion sociale. Sismondi, l'un des premiers économistes socialistes, écrivait par exemple : « Si, aujourd'hui, une découverte nouvelle faisait faire avec un seul métier ce qu'on faisait il y a dix ans avec cent, cette découverte serait un malheur national ».

A. Sauvy relate dans son ouvrage *La machine et le chômage* les nombreuses révoltes ouvrières qui ont émaillé l'industrialisation dans les pays occidentaux.

En 1733, John Kay, l'inventeur de la « navette volante » (dont l'invention est au cœur du développement de l'industrie textile au XVIIIe siècle), est chassé de Colchester par les émeutiers et doit se réfugier en France. En 1768, J. Hargreaves révolutionne l'industrie textile grâce à sa *Spinning Jenny* qui remplace plusieurs rouets : les ouvriers assiègent l'inventeur dans sa maison et détruisent ses machines. Il mourra dans la misère. Le mouvement des canuts, les ouvriers lyonnais de la soie

(1831-1834), s'oppose à la mécanisation de l'industrie de la soie et conduit à une insurrection politique.

Le thème (mythe ?) de la machine dévoreuse d'emplois a été réactualisé dans des ouvrages parus au milieu des années 1990 dans un contexte de chômage massif et en forte progression dans la plupart des pays industrialisés. On peut citer le best-seller *La fin du travail* de l'Américain Jeremy Rifkin ; *L'horreur économique* de Viviane Forrester ou *Le travail, une valeur en voie de disparition* de Dominique Méda. Ces thèses s'appuient sur les bouleversements technologiques liés aux progrès de l'informatique qui conduiraient à remplacer de plus en plus souvent le travail humain par des machines « intelligentes ». L'évolution de la répartition de l'emploi par secteur d'activité montre en effet le déclin rapide des secteurs primaires et secondaires dans tous les pays industrialisés.

Le tertiaire doit alors être capable d'absorber les actifs libérés par le progrès technique dans l'agriculture et l'industrie, tandis que les technologies de l'information et de la communication (TIC) menacent les travailleurs « taylorisés » du secteur tertiaire (on peut citer les guichetiers, les services de réservation, bientôt les caissières...). Or, la vague de progrès technique actuelle, parfois qualifiée de « troisième révolution industrielle », concerne la circulation et le stockage de l'information, ce qui ne met à l'abri aucune activité économique. Les évolutions constatées dans les activités agricoles et industrielles s'appliqueraient ainsi aux services, sauf à accepter des réductions de salaire drastiques pour compenser la concurrence des nouvelles techniques dans ces activités. Selon J. Rifkin, le faible niveau de chômage aux États-Unis ne doit pas faire illusion : il masque un important sous-emploi (voir chapitre 1) qui explique en partie la progression des travailleurs pauvres (*working poors*) ; à cela il faut ajouter près de 3 % des Américains de sexe masculin qui sont soit en prison, soit en attente d'un procès, soit en liberté surveillée !

Pourtant, ce constat alarmiste mérite d'être nuancé puisque sur longue période l'emploi n'a pas cessé de progresser.

3. – Présentation de la théorie de la compensation

À la question : le progrès technique crée-t-il plus d'emplois que ce qu'il en détruit, Jean Fourastié et Alfred Sauvy répondent par l'affirmative en s'appuyant sur la problématique dite de la compensation.

Premier argument : si le progrès technique résulte de la mécanisation, il faut créer de nouveaux emplois pour produire les machines. Cette proposition reste cependant limitée puisque si le nombre d'heures de travail consacrées à construire, entretenir ou surveiller ces machines équivalait au nombre d'heures de travail économisées, il n'y aurait pas de gains de productivité au niveau global. Il n'y a donc pas compensation.

Deuxième argument : si la substitution du capital au travail permet de diminuer les coûts de production et les prix de vente, il y aura hausse de la production. Mais tout dépendra du degré de sensibilité de la demande à une variation des prix.

Si l'élasticité-prix de la demande (qui est le rapport entre la variation relative de la consommation d'un produit et celle du prix de ce produit) est égale à – 1, la demande réagit proportionnellement au prix, ce qui signifie qu'à une baisse de prix de 10 % correspond une hausse équivalente de la demande, ce qui compense les pertes d'emplois.

Une élasticité-prix égale à 0 signifie que la demande ne réagit pas à une baisse de prix (élasticité nulle). Dans ce cas, la production augmente moins vite que la productivité du travail, ce qui se traduit par des suppressions d'emplois (c'est le cas des branches produisant des biens de première nécessité).

Une élasticité-prix comprise entre – 1 et – l'infini signifie que la demande réagit fortement à une baisse des prix. Ce cas ne se présente que pour des produits relativement nouveaux qui trouvent peu à peu une clientèle de plus en plus étendue (téléphones portables, ordinateurs…). Dans ce cas, la production augmente plus vite que la productivité du travail. Les effets sur l'emploi sont alors directement positifs.

Même si l'impact global du progrès technique sur l'emploi est positif, certaines branches de l'économie, comme l'agriculture, sont donc condamnées à perdre des emplois.

Troisième argument : le progrès technique libère du pouvoir d'achat grâce à la baisse des prix et/ou la hausse du revenu réel, ce qui va accroître la demande dans les autres branches : c'est le principe du *déversement* qui à long terme est susceptible de créer plus d'emplois que ce que le progrès technique n'en détruit dans un premier temps.

En effet, la demande nouvelle va se porter prioritairement vers la consommation de services en vertu de la loi d'Engel (« la part relative des dépenses alimentaires dans la consommation diminue lorsque le revenu augmente »).

Or, dans la mesure où les gains de productivité sont en moyenne plus faibles dans le tertiaire que dans les autres secteurs, les créations d'emplois n'en seront que plus nombreuses. La tertiarisation de l'économie contribue à un ralentissement global des gains de productivité, ce qui discrédite la thèse précédemment évoquée d'une diminution inéluctable de l'emploi.

Alfred Sauvy considère les gains de productivité comme un surplus, une richesse supplémentaire à répartir entre toutes les parties prenantes de la production.

Si les gains sont appropriés par les entreprises sous forme de profits supplémentaires, elles pourront (théoriquement) accroître leurs investissements, ce qui développe l'emploi dans le secteur des biens d'équipement (*cf.* le théorème de Schmitt : « Les profits d'hier font les investissements d'aujourd'hui qui font les emplois de demain »). S'ils bénéficient aux salariés, ils pourront accroître leur consommation entraînant une hausse de la production et de l'emploi.

Enfin, si une partie du surplus est appropriée par les pouvoirs publics, les dépenses permises par ces prélèvements permettront de créer des emplois.

Bien entendu, si ce surplus de pouvoir d'achat sert à acheter des produits importés, les créations d'emplois profiteront aux pays étrangers.

Si l'évolution de l'emploi sur le long terme semble confirmer la théorie de la compensation, des désajustements plus ou moins profonds peuvent en limiter la portée.

4. – Critiques de la théorie de la compensation

Si l'histoire économique semble confirmer la théorie de la compensation, à savoir une augmentation de l'emploi sur longue période, un examen plus approfondi montre que la quantité totale de travail (effectifs multipliés par la durée moyenne annuelle du travail) est restée globalement stable pendant les Trente glorieuses. Autrement dit, l'augmentation de l'emploi n'a été possible que grâce à la réduction de la durée du travail, et cela pendant une période de croissance exceptionnelle. La compensation quantitative des emplois paraît donc incertaine.

Sur un plan qualitatif, Alfred Sauvy concède que « les emplois créés ne correspondent pas aux emplois supprimés directement ou indirectement ». En effet, l'évolution combinée de la demande et de la productivité pousse à un développement des emplois qualifiés au détriment des emplois non qualifiés, ce qui pose le problème de la reconversion des travailleurs victimes du progrès technique. Une secrétaire licenciée ne devient pas informaticienne du jour au lendemain. Même une politique volontariste de formation ne peut résoudre rapidement ces désajustements : dans un contexte de progrès technologique rapide, on peut craindre une aggravation du chômage frictionnel.

La part salariale en Europe

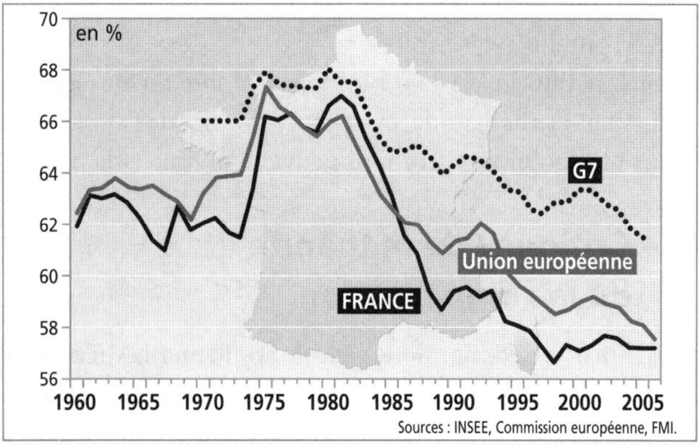

Source : Eurostat.

Les effets des gains de productivité dépendent de leur répartition. Dans un contexte de crise et de concurrence exacerbée, le partage des gains de productivité s'est déformé au début des années 1980 à la faveur des entreprises et au détriment des salariés, et cela dans tous les pays développés quoique dans des proportions variables (voir graphique).

La politique de « désinflation compétitive » mise en oeuvre à partir de 1983 avait pour objectif de s'affranchir de la contrainte externe. Pour croître plus vite que les économies de ses partenaires, il fallait gagner des parts de marché sur le territoire domestique et sur les marchés étrangers afin de garder équilibré le solde commercial. L'amélioration de la compétitivité-prix des entreprises passait donc par une réduction des coûts de production et notamment des coûts salariaux.

Les gains de productivité ont par conséquent alimenté les profits des entreprises qui n'ont pas été poussées à investir (contrairement aux enseignements du théorème de Schmitt) compte tenu de l'atonie de la demande (rigueur salariale). Elles ont préféré accroître leurs placements financiers et réaliser des investissements de productivité qui sont destructeurs d'emplois.

De surcroît, cette politique n'a de chance d'être efficace que si les autres pays ne suivent pas la même stratégie. Dans le cas contraire, le commerce international est un jeu à somme négative. En comprimant les salaires, tous les pays contribuent à déprimer la demande mondiale, à aggraver le chômage, sans que l'un d'entre eux en tire profit.

Le ralentissement de la croissance économique apparaît d'ailleurs une bien meilleure explication pour rendre compte de l'augmentation du chômage que l'accélération d'un progrès technique dévoreur d'emplois. En effet, depuis la crise, la croissance des gains de productivité a été divisée par deux. Mais, dans le même temps, le taux de croissance du PIB a suivi la même tendance : l'écart croissance moins productivité devient même négatif pendant la première moitié des années 1990 en France.

Évolution du PIB, de la productivité et de l'emploi (en %)

	France				États-Unis			
	1960-1973	1974-1989	1990-1995	1995-2007	1960-1973	1974-1989	1990-1995	1995-2007
PIB marchand	5,0	2,5	1,0	2,2	4,0	2,8	2,2	2,4
Productivité	5,0	2,3	1,5	1,7	2,0	0,4	1,1	2,1
Emploi marchand	0,0	0,2	– 0,5	0,5	2,0	2,4	1,1	0,3

Source : The conference Board & Groningen Growth and Development.

Il en résulte alors des suppressions d'emplois et une hausse du chômage.

Comme le précise justement J. Freyssinet, « le changement technique n'est pas par nature créateur ou destructeur d'emplois ; il modifie les conditions de détermination du niveau de l'emploi. [...] La réponse ne réside pas dans le progrès technique mais dans les modes de régulation du système productif ».

Quoi qu'il en soit, imputer l'augmentation du chômage à une accélération du progrès technique semble contestable. On observe dans tous les pays industrialisés un ralentissement de la croissance des gains de productivité depuis la crise. Mais la baisse encore plus marquée de la croissance économique se traduit inévitablement par une augmentation du chômage.

CHAPITRE 5

Le chômage est-il dû à une inadéquation de la population active aux emplois ?

Le chômage traduit un déséquilibre entre l'offre de travail (qui émane des salariés) et la demande de travail (qui émane des employeurs). Toutes choses égales par ailleurs, l'augmentation de la population active disponible crée un surcroît d'offre qui peut générer des tensions sur le marché du travail. La progression rapide du nombre d'actifs dans certains pays comme la France peut alors apparaître comme une des causes de la montée du chômage.

Mais l'inadéquation entre offre et demande de travail ne résulte pas que d'un déséquilibre quantitatif. Elle peut provenir d'un appariement imparfait entre les emplois offerts et la qualification des demandeurs d'emploi. À l'occasion de la vive reprise économique enregistrée en France à la fin des années 1990 et des nombreuses créations d'emplois qui en ont suivi, on a pu constater des difficultés de recrutement dans certains secteurs de l'économie alors que le chômage demeurait massif (supérieur à deux millions de personnes). Ce phénomène renvoie à un chômage structurel caractérisé par une inadéquation des qualifications offertes par les travailleurs au regard des besoins en qualification exprimés par les firmes. Alors que l'effort de formation de la part de l'État est plus important que jamais, le débat resurgit sur la capacité du système éducatif à répondre aux besoins du système productif.

1. – L'impact de la démographie et de la formation sur le chômage

a. – L'influence des variables démographiques et comportementales

L'évolution de la population active résulte de l'incidence de la démographie et de l'évolution des taux d'activité des différentes catégories de la population. Ces deux composantes ont pesé dans des proportions variables selon les périodes.

L'excédent migratoire (immigration > émigration) entre 1954 et 1968 a permis de compenser le faible dynamisme démographique et la baisse des taux d'activité et a ainsi évité une baisse de la population active française. Sur la période 1975-1982, l'arrivée sur le marché du travail des classes nombreuses issues du *baby-boom* contribue de manière prépondérante à l'augmentation du nombre d'actifs. Mais l'augmentation du taux d'activité des femmes dans la tranche 25-54 ans est allée de pair avec la baisse de celui des hommes en début et fin de vie active ce qui explique la féminisation de la population active (les femmes représentaient 47,2 % des actifs en 2007 contre seulement 37 % en 1974). Depuis 1982, le rythme d'augmentation de la population active s'est infléchi sous l'effet combiné d'un ralentissement démographique et d'une moindre progression de l'activité féminine.

Emploi, chômage et population active

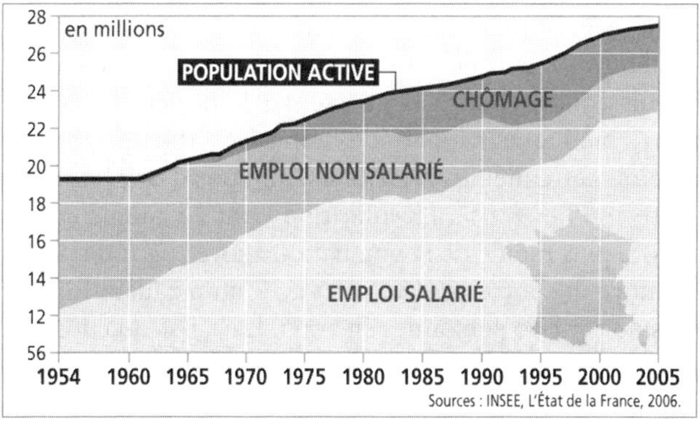

Source : INSEE, 2006

Malgré cela, la population active française a progressé d'environ 150 000 personnes en moyenne par an jusqu'à la fin des années 2000, ce qui a pu contribuer à « engorger » le marché du travail. En effet, si l'explication du chômage paraît davantage résulter d'une rupture dans l'évolution de l'emploi depuis la crise, l'augmentation rapide et soutenue de la population active a été de nature à aggraver les déséquilibres sur le marché du travail.

En revanche, la population active baisse sensiblement depuis 2008 (90 000 personnes sur un an) en raison de l'arrivée à l'âge de la retraite des premières générations nombreuses du baby-boom. Une évolution qui, toutes choses égales par ailleurs permet une moindre progression du chômage voire une baisse pour un même volume d'emplois créés. Ces facteurs jouent un rôle important dans les prévisions de chômage même si le lien de causalité n'est pas univoque entre population active et chômage.

Enfin, les fluctuations à court terme de l'offre de travail peuvent expliquer de brusques inflexions du taux de chômage. L'année 2001 est marquée par un ralentissement économique après quatre années de croissance soutenue. Le taux de chômage qui n'avait cessé de reculer depuis 1997, repart à la hausse dès le milieu de l'année 2001, bien que l'économie française ait créé 200 000 emplois cette même année (deux millions d'emplois créés entre 1996 et 2001). L'explication tient à l'augmentation encore plus rapide de la population active : 240 000 par an en moyenne entre 1996 et 2001 avec un pic historique de plus de 350 000 personnes en 2000. La baisse du chômage durant cette période a incité des individus qui avaient quitté le marché du travail à y retourner tandis que la suppression du service national a participé à gonfler la population active de 140 000 jeunes en 2000 et de 50 000 en 2001. À l'inverse, la récession économique débutée en 2008 accentue le reflux de population active en incitant une partie de la population d'âge actif à se retirer ou à ne pas entrer sur le marché du travail. Ces exemples montrent l'impact de l'évolution de l'offre de travail sur le chômage, même si son caractère conjoncturel doit en relativiser la portée.

b. – L'élévation du niveau de formation répond aux besoins de l'appareil productif

L'évolution de l'appareil de production tend vers une demande croissante d'emplois qualifiés.

Depuis le milieu des années 1990, les ingénieurs, les cadres et professions libérales et, surtout, les professions intermédiaires, sont en nette progression. La proportion d'ouvriers et d'employés qualifiés diminue légèrement au profit des professions intermédiaires. En revanche, si l'emploi non qualifié reste stable dans l'industrie et la construction (près d'un million d'emplois au total), il est en forte progression dans les services, passant de 2,6 à 3,8 millions.

Le système de formation a répondu vigoureusement, mais aussi tardivement à cette élévation de la qualité des emplois : multipliée par deux depuis 1975, la dépense intérieure d'éducation représente 6,8 % du PIB en 2006, soit 121 milliards d'€, ce qui place la France parmi les premiers.

La proportion d'actifs occupés ayant au moins un baccalauréat (niveaux I-II, III et IV) a continué d'augmenter depuis le milieu des années 1990. Cette hausse du niveau d'éducation est particulièrement visible si l'on compare la situation des jeunes actifs à celle des seniors.

La très grande majorité des actifs occupés ayant 50 ans ou plus n'a pas le niveau baccalauréat : 90 % sont dans ce cas dans la construction, 77 % dans l'industrie, 65 % dans les services. La situation des moins de 30 ans est beaucoup pus contrastée. En dehors de la construction, la plupart a au moins un baccalauréat : 57 % dans l'industrie et 73 % dans les services. Ils sont nettement plus nombreux que les seniors à avoir au minimum un baccalauréat, mais également un bac+2 et, dans une moindre mesure, un bac+3. L'écart entre juniors et seniors est particulièrement net dans l'industrie, plus encore que dans les services (voir CEREQ, *Bref*, mai 2008).

Néanmoins, la structure de la population active par qualification se modifie plus lentement au fur et à mesure que les actifs les plus âgés, qui sont aussi les moins diplômés, sont remplacés par de jeunes actifs mieux titrés.

Cette élévation rapide du niveau de formation initiale des jeunes générations est le résultat d'une double volonté :

– une volonté politique d'amener 80 % d'une classe d'âge au niveau du baccalauréat dans l'objectif de faire face aux besoins d'une économie basée sur la connaissance. La diversification de l'offre de diplômes comme la création du baccalauréat professionnel en 1985 relève de cette volonté ;

– une demande croissante de la part des familles et des élèves, l'allongement de la durée des études étant perçu comme le meilleur moyen de se protéger du chômage.

Il faut préciser toutefois que l'élévation du niveau de qualification des jeunes qui arrivent sur le marché du travail est plus rapide que l'augmentation des emplois qualifiés. Il en découle un mouvement de déclassement, les emplois étant occupés à des niveaux de diplôme plus élevés. Le risque est alors que les plus diplômés évincent les moins diplômés diminuant ainsi leur chance de s'insérer sur le marché du travail (voir *infra*).

L'élévation du niveau de formation initiale correspond aux besoins exprimés par les entreprises de disposer de travailleurs adaptables, capables de prendre des initiatives et d'évoluer dans un contexte de concurrence exacerbée. Cette « logique compétence » conduit les entreprises à développer la formation continue de leurs salariés afin d'adapter leurs savoir-faire aux évolutions du système productif. À ce titre, l'amélioration de la formation initiale permet d'accroître les connaissances de base et les capacités d'apprentissage des individus qui est une condition pour une meilleure efficacité de la formation continue.

Cette analyse repose sur la théorie du capital humain (Gary Becker, *The human capital*) selon laquelle l'acquisition d'une qualification s'apparente à un investissement en formation qui doit permettre une augmentation du profit de l'entreprise et/ou du salaire du travailleur. L'employeur sera d'autant plus incité à investir dans la formation de ses salariés que les gains qu'il anticipe sont élevés.

Ceci peut expliquer que la formation continue profite prioritairement aux plus qualifiés et surtout aux plus diplômés : les entreprises estiment tirer meilleure partie de l'investissement en capital humain auprès de salariés disposant d'une formation initiale élevée. En particulier, la mise en œuvre des technologies de l'information et de la communication (TIC) requiert une formation initiale de bon niveau. En ciblant les salariés les plus qualifiés, les entreprises espèrent améliorer l'efficacité de leurs investissements en capital humain. De fait, la formation continue ne fait qu'accroître les inégalités entre ceux qui sont sortis du système scolaire peu ou pas diplômés et qui doivent souvent attendre d'être au chômage pour bénéficier d'une formation et les plus diplômés qui améliorent leur employabilité tout au long de leur vie active (autrement dit, la formation appelle la formation). Dans une économie fondée sur la connaissance, les besoins en formation se prolongent tout au long de la vie active. L'action des pouvoirs publics est alors décisive pour pallier les défaillances du marché, notamment en ce qui concerne les travailleurs non qualifiés pour lesquels ni les employeurs ni les salariés ne sont prêts à consentir les investissements en formation suffisants.

Si l'aggravation du chômage a frappé tous les niveaux de qualification, ce sont les moins diplômés qui accusent la plus forte progression : alors qu'au début des années 1970, il y avait moins d'un point d'écart entre le taux de chômage des non diplômés et celui des bacheliers, l'écart atteint plus de dix points depuis le milieu des années 1980 et s'est maintenu depuis à ce niveau.

Tandis que le chômage des jeunes diplômés connaît des fluctuations en phase avec le rythme de la croissance économique, le chômage des moins qualifiés est de nature plus structurelle.

2. – La population active : un déterminant du chômage à nuancer

a. – La relation entre l'augmentation de la population active et le chômage est instable

L'hypothèse d'un excès de main d'œuvre comme explication de la montée du chômage est mise à mal par l'observation statistique. Les États-Unis et le Japon ont vu leur population active croître à un rythme plus rapide qu'en Europe sur la période 1990-1998 (1,2 % contre 0,9 % par an) alors que ces deux pays enregistraient des taux de chômage sensiblement inférieurs à ceux de la France.

A contrario, la Suède a connu une hausse du chômage durant la dernière décennie tandis que la population active diminuait de 7 % dans le même temps.

En fait, on observe une corrélation positive entre population active et emploi qui remet en cause l'hypothèse d'un excès d'offre de main-d'œuvre comme explication de la montée du chômage.

On peut avancer comme explication l'effet stimulant d'une augmentation de la population sur l'activité économique même s'il faut se garder de tout déterminisme démographique. Le rajeunissement de la population accroît les débouchés du bâtiment, de l'industrie de l'ameublement et du textile, des services (enseignement...), à l'origine de nombreuses créations d'emplois. Un exemple historique vient confirmer cette analyse : les rapatriés d'Algérie en 1962 ont entraîné un boom économique consécutif à la hausse de la demande dans les secteurs précités.

En fait, population active et chômage ne sont pas deux variables indépendantes. Comme l'indique J. Freyssinet, « la population active n'est pas une donnée commandée uniquement par des variables démographiques ou culturelles ; elle est elle-même fonction de la situation du marché du travail ». Une amélioration de la situation économique attire de nouveaux actifs qui jusque-là ne se portaient pas sur le marché du travail (ce que mesure le taux de flexion de l'activité) ; en période de récession, une partie de la population active se retire (poursuite d'études, préretraites...). Autrement dit, au plus le chômage est élevé, au plus l'incitation à se retirer du marché du travail est grande ; à l'inverse, au plus le chômage diminue, au plus l'effet d'attraction vers le marché du travail est forte, ce que confirme l'augmentation spectaculaire de la population active entre 1996 et 2001.

La thèse d'un excès d'offre de travail comme facteur explicatif du chômage paraît donc bien fragile. Les analyses purement comptables commettent l'erreur de raisonner « toutes choses égales par ailleurs » sans mesurer les effets induits sur la croissance et l'emploi d'une augmentation de la population active. Le développement de l'activité des femmes illustre bien cette interdépendance : il a été facilité par la tertiarisation de l'économie en offrant aux femmes de nouvelles opportunités d'embauche mais il a aussi permis le développement de nouvelles activités économiques liées à leur moindre disponibilité et à l'augmentation du pouvoir d'achat des ménages.

b. – L'élévation du niveau de formation génère des effets pervers

Si la détention d'un diplôme élevé constitue une protection réelle contre le chômage, force est de constater que la crise a distendu la relation entre emploi et formation. L'élévation continue du nombre de jeunes diplômés s'est accompagnée d'une augmentation de leur taux de chômage. Ce paradoxe tend à discréditer les politiques éducatives qui présentaient la formation comme une des solutions aux problèmes de l'emploi.

Le système de formation est en fait victime de son succès. L'arrivée en nombre croissant de jeunes de plus en plus diplômés a avivé la concurrence entre les nouveaux diplômés dans un contexte de faibles créations d'emplois. Ce phénomène a conduit à une dévalorisation marchande des titres scolaires, autrement dit à une diminution du rendement des diplômes (revenu du travail) du fait de l'excès relatif de formation.

Ce déséquilibre entre les sorties du système éducatif et les embauches des entreprises a poussé les employeurs à privilégier le diplôme comme critère de sélection. Les théories dites du « signalement » ou du « filtre » permettent de mieux comprendre les stratégies d'embauche des entreprises. Le système scolaire est avant tout perçu comme un « filtre » permettant de classer les individus selon leurs aptitudes, le diplôme étant considéré par les entreprises plus comme un « signal » des potentialités des individus que comme un indicateur de leurs compétences effectives. Ainsi, dans cette perspective, le rôle de l'éducation n'est pas de former des individus pour les rendre plus productifs, mais plutôt de les trier afin de révéler leur potentialité.

De ce fait, se constituent des effets de file d'attente, les employeurs recrutant systématiquement les demandeurs d'emploi les plus diplômés. Le chômage se reporte alors sur les moins titrés qui sont évincés des postes auxquels ils pouvaient légitimement prétendre.

Dans ce contexte, la course au diplôme le plus élevé, rationnelle sur un plan individuel, ne peut qu'accentuer les déséquilibres lorsque tout le monde adopte la même stratégie. On assiste à un mouvement de translation vers le haut en matière d'éducation et de formation qui réduit (sinon annule) les gains que l'on pouvait en attendre. En outre, la quête du meilleur diplôme disqualifie les filières techniques et professionnelles. Jugées moins nobles, elles accueillent un public scolaire ayant subi la plupart du temps un échec en enseignement général. À l'aggravation du chômage des moins qualifiés s'ajoute un « déclassement » des nouveaux embauchés. La part des jeunes diplômés occupant un emploi pour lequel ils étaient « surqualifiés » a sensiblement progressé dans les années 1990. Elle a doublé pour les détenteurs du baccalauréat, augmenté de 80 % pour les diplômés d'un deuxième cycle universitaire; en revanche, les CAP et BEP ont été relativement moins touchés par ce phénomène.

Il faut noter que la reprise économique de la fin des années 1990 a davantage profité aux diplômés des grandes écoles et de troisième cycle universitaire qu'aux autres diplômés, ce qui tend à confirmer le phénomène de file d'attente décrit précédemment.

L'importance du déclassement, même si des « rattrapages » de qualification ont été observés pour les plus diplômés en fin de période, doit conduire à relativiser les pénuries de main-d'œuvre qualifiée dénoncées par les employeurs. Le chômage de masse que l'on connaît depuis deux décennies a sans doute contribué à élever le niveau d'exigence des entreprises dans leur pratique de recrutement. Le retour à un marché du travail plus tendu peut alors donner l'impression d'une pénurie – relative – de main-d'œuvre.

En tout état de cause, l'écart entre les sorties du système de formation et les créations d'emplois limite l'efficacité des politiques de formation. Le projet « adéquationniste » visant à anticiper les besoins en qualification de l'économie devient obsolète dans un contexte de montée de l'incertitude. Pour Lucie Tanguy, directeur de recherche au CNRS, « le recours exacerbé à l'éducation et à la formation pour résoudre les problèmes d'emploi [...] repose sur un consensus par défaut [...]. [Elle représente] une idéologie de notre temps puisqu'elle assure tout à la fois des fonctions d'intégration sociale, de légitimation et de dissimulation d'un ordre social existant ».

CHAPITRE 6

Le chômage résulte-t-il de dysfonctionnements du marché du travail ?

Peu de thèmes en économie ont suscité autant de débats, de controverses que le chômage. Il cristallise tous les clivages théoriques que comptent les sciences économiques, même si les développements récents invitent plutôt à un dépassement des oppositions traditionnelles.

Pour les économistes néoclassiques, les mécanismes de marché permettent d'ajuster à tout moment l'offre et la demande de travail, du moins si le salaire est flexible. Tous les salariés qui acceptent de travailler au salaire d'équilibre trouveront un emploi, le chômage « résiduel » ne pouvant être que volontaire.

Sans remettre en cause les fondements microéconomiques de l'analyse néoclassique (efficience des marchés, rationalité des agents économiques, démarche individualiste pour expliquer les faits sociaux et économiques), les nouvelles théories du marché du travail insistent sur l'imperfection des marchés pour rendre compte de la rigidité des prix et des salaires empêchant le retour au plein-emploi.

Les keynésiens contestent cette analyse : le marché du travail ne détermine pas le niveau de l'emploi, c'est un pseudo marché. Le chômage est involontaire, il résulte principalement d'une insuffisance de la demande (en biens de consommation et de production). Dans ce cas, un équilibre de sous-emploi durable peut s'installer sans qu'aucun mécanisme autorégulateur permette le retour à l'équilibre (une baisse des salaires ne ferait qu'aggraver la situation). Seule une relance de l'économie orchestrée par les pouvoirs publics peut faire reculer le chômage.

Pour les marxistes, le chômage est l'un des symptômes des dysfonctionnements profonds du capitalisme et contribue à l'exploitation de la classe ouvrière par les capitalistes.

La théorie du déséquilibre tente une synthèse des approches néoclassique et keynésienne en montrant que chômage classique et chômage keynésien peuvent coexister.

1. – Pour certaines analyses, le chômage s'explique par des dysfonctionnements du marché du travail

a. – Pour les néoclassiques, les rigidités sur le marché du travail expliquent le chômage

Pour les économistes d'inspiration néoclassique, le travail est un bien comme un autre qui s'échange sur un marché sur lequel joue les mécanismes classiques. La rencontre entre offres de travail (émanant de la population active) et demandes de travail (émanant des employeurs) détermine simultanément le taux de salaire d'équilibre et le niveau d'emploi d'équilibre.

L'offre de travail résulte d'un arbitrage travail-loisir : les travailleurs comparent l'utilité de leur travail (le salaire) et sa désutilité (le temps de loisir en moins). Plus le prix du travail est élevé, plus ils sont incités à proposer et vendre leurs services ou rechercher des heures supplémentaires lorsqu'ils ont déjà un emploi, au détriment des loisirs. *A contrario*, plus le salaire est bas, moins les individus sont prêts à offrir du travail ; à la limite, l'offre de travail devient nulle. Ce taux particulier pour lequel personne n'accepte de travailler est appelé salaire de réservation.

On en déduit que l'offre de travail est une fonction croissante du salaire réel.

La demande de travail repose sur le calcul maximisateur de l'employeur : un chef d'entreprise emploie un salarié supplémentaire jusqu'au stade où celui-ci lui rapporte autant qu'il lui coûte, c'est-à-dire jusqu'au point où la productivité marginale du travailleur égalise le taux de salaire. Comme les rendements des biens et du travail sont décroissants, la demande globale de travail est d'autant plus forte que le salaire est bas.

Si le salaire s'accroît, l'entreprise arrête sa décision d'embauche à un niveau inférieur ; inversement, elle propose des emplois supplémentaires lorsque le salaire diminue. Par conséquent, la demande de travail est une fonction décroissante du salaire réel.

L'intersection des deux courbes détermine un point d'équilibre qui assure l'égalité entre l'offre et la demande de travail. Tout événement qui modifie l'offre ou la demande de travail finit par affecter le niveau de salaire d'équilibre. Conformément aux hypothèses de concurrence pure et parfaite, les agents ne sont donc pas victimes de l'illusion monétaire. Ils tiennent compte du salaire réel (w/p avec w = salaires et p = indice des prix) et non du salaire nominal (w comme *wages*) pour formuler leur offre ou leur demande.

Équilibre et chômage

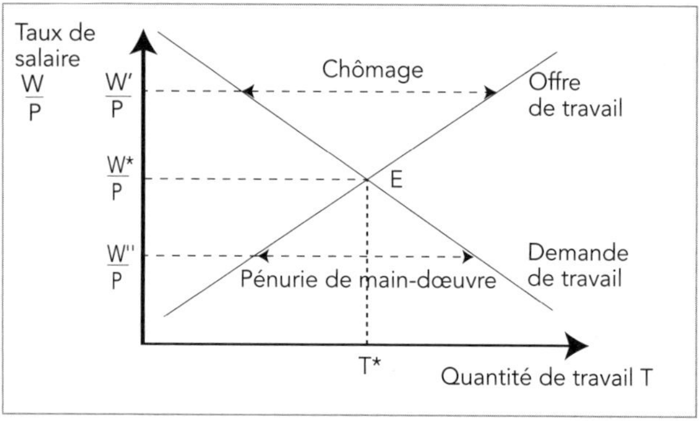

Par exemple, une augmentation de la population active va aviver la concurrence entre les salariés puisque tous ne peuvent pas avoir un emploi et provoquer une baisse du prix du travail. Il en résulte deux effets :

– les employeurs embauchent pour des postes que la baisse du salaire a rendus rentables ;

– une partie des demandeurs d'emplois se retire du marché du travail compte tenu de la baisse du salaire (arbitrage en faveur des loisirs).

Symétriquement, une baisse de la population active met les employeurs en concurrence entre eux pour attirer une main-d'œuvre insuffisante. Ce faisant, le prix du travail augmente, ce qui pousse une partie des inactifs à se porter sur le marché du travail.

De fait, le libre jeu des forces du marché permet toujours d'équilibrer l'offre et la demande et de parvenir à un équilibre de plein-emploi. Une situation de plein-emploi ne correspond pas à une absence de chômeurs mais à un chômage incompressible caractéristique du chômage frictionnel (occasionné par les délais d'adaptation qu'implique la mobilité spatiale et/ou professionnelle des actifs).

Selon cette approche, le chômage ne peut être que volontaire (il correspond à la situation d'individus qui refusent de travailler au salaire que fixe le marché) ou transitoire (une période d'ajustement est nécessaire pour que la modification des salaires réels permette le retour à l'équilibre).

Un chômage involontaire durable ne peut provenir que de dysfonctionnements du marché du travail qui se manifestent par une rigidité (à la baisse en particulier) du salaire. L'existence de syndicats (qui coalisent les travailleurs pour faire pression sur les salaires), d'un salaire minimum, d'allocations chômage, de conventions collectives... sont autant de freins, de rigidités qui empêchent les mécanismes de marché de jouer leur rôle équilibrant.

L'économiste français J. Rueff écrira en 1931 un article retentissant intitulé : « L'assurance chômage, cause du chômage permanent » dans lequel il dénonce les effets pervers d'un système d'indemnisation du chômage. Cela revient à fixer un prix plancher pour le travail qui réduit l'emploi s'il se situe au-dessus du prix d'équilibre et conduit à un chômage permanent.

Pourtant, la théorie du chômage volontaire semble impuissante pour expliquer la hausse brutale du chômage dans les économies contemporaines puisqu'on ne peut l'imputer à un accroissement simultané des rigidités sur le marché du travail (on peut même soutenir que la montée du chômage est allée de pair avec la flexibilisation du marché du travail).

Sans remettre en cause les fondements microéconomiques de l'analyse néoclassique, les nouvelles théories du marché du travail acceptent l'existence d'un chômage durable (et en partie involontaire) en prenant comme point de départ l'imperfection du marché du travail. À partir du moment où certaines hypothèses de la concurrence pure et parfaite ne sont plus remplies, le comportement optimisateur des agents économiques peut conduire à un déséquilibre durable sur le marché du travail sans que l'on puisse l'attribuer à une attitude volontaire des offreurs de travail.

b. – Les nouvelles théories du marché du travail insistent sur l'imperfection des marchés

La théorie du job search (ou chômage de prospection), initiée par G. Stigler dans les années 1960, explique le chômage frictionnel par l'imperfection de l'information. Puisque le marché n'est pas parfaitement transparent, le demandeur d'emploi doit réaliser un « investissement » en collecte d'informations avant d'accepter un emploi. Les individus font alors un calcul coût-avantage pour évaluer la durée optimale du chômage. Ils prolongeront leur prospection jusqu'au point où le coût supplémentaire (ou marginal) de l'information obtenue s'égalise avec l'espérance des gains anticipés.

Les coûts de prospection concernent les frais liés à la quête d'emploi et la renonciation à un salaire (coût d'opportunité). Dans ce cadre là, tout dispositif visant à diminuer le coût de la recherche, tel que les allocations chômage, élève le salaire de réservation et le niveau du chômage.

Si cette analyse permet de rendre compte du chômage volontaire et d'une certaine progression de l'ancienneté au chômage, elle n'explique ni les licenciements ni l'existence d'un chômage involontaire de masse.

La théorie du salaire d'efficience (J.-E. Stiglitz, 1982) repose sur l'idée d'une corrélation positive entre salaire et productivité. Cette intuition part du principe qu'un accroissement des rémunérations peut inciter les salariés à accroître leur effort au travail. Contrairement aux enseignements de la théorie néoclassique, c'est le salaire qui détermine la productivité et non l'inverse. Le paiement par les firmes d'un salaire d'efficience supérieur au salaire d'équilibre peut s'expliquer par l'imperfection et l'asymétrie de l'information sur le marché du travail.

– L'employeur subit un risque (ou aléa) moral : le travailleur embauché peut adopter une attitude de tire-au-flanc (« shirking »). En augmentant les salaires, les entreprises élèvent le coût du licenciement pour le travailleur qui n'est pas certain de retrouver un emploi au même niveau de rémunération. De hauts salaires permettent ainsi aux firmes d'économiser sur les coûts de surveillance et d'encadrement en rendant la sanction (licenciement) dissuasive.

– Dans les modèles de sélection adverse (ou antisélection), la méconnaissance des aptitudes des travailleurs pousse les entreprises à proposer des salaires supérieurs au salaire d'équilibre afin d'espérer sélectionner les meilleurs candidats. En cas de baisse de l'activité, l'entreprise n'a pas non plus intérêt à diminuer les salaires car ce sont les travailleurs les plus efficaces qui quitteront les premiers l'entreprise, ne resteront que les moins productifs.

La théorie du salaire d'efficience suggère que les firmes peuvent trouver un avantage à verser des salaires supérieurs aux salaires du marché. Dès lors, les ajustements ne passent plus par les prix mais par les quantités. On peut alors rendre compte d'un chômage involontaire à partir du comportement rationnel des agents économiques dans un contexte d'incertitude.

La théorie des contrats implicites (C. Azariadis, 1975) part de l'idée que les salariés ont plus d'aversion pour le risque que les employeurs. Ils préfèrent des salaires rigides (insensibles aux aléas de la conjoncture) avec un risque de chômage (les *insiders* ne subissent pas le risque ; le chômage n'entre pas dans leur calcul) plutôt que des salaires flexibles et une garantie de l'emploi. Il en résulte un engagement implicite (non écrit) des deux parties pour maintenir des salaires relativement faibles en période de croissance, afin qu'à l'image d'une prime d'assurance, ils puissent rester relativement plus élevés en période de récession (dans la limite des « états de la nature » pris en compte dans le contrat).

En période de faible conjoncture, le salaire s'élève au-dessus de la productivité marginale, ce qui empêche la réalisation du plein emploi et rend possible un chômage involontaire.

La théorie des « insiders/outsiders » (A. Lindbeck et D. Snower) rend compte des conflits d'intérêt entre les travailleurs déjà embauchés et les chômeurs. L'existence de coûts de rotation élevés (en termes de recrutement, formation, intégration au poste de travail) donne un pouvoir aux *insiders* lors des négociations salariales. L'entreprise satisfera leurs revendications jusqu'au point où le salaire des *outsiders* augmenté du coût de la rotation deviendra inférieur.

Parce que le coût de remplacement des *insiders* est élevé, les entreprises sont incitées à leur verser des salaires supérieurs à leur productivité marginale, ce qui rigidifie les salaires sur le marché du travail et contribue à rationner l'emploi.

La partition entre *insiders* et *outsiders* peut se pérenniser même dans les périodes de haute conjoncture. Les phénomènes d'**hystérésis** ou d'**hystérèse** en matière de chômage montrent que le taux de chômage dépend de celui observé dans le passé. L'argument repose sur l'idée que les chômeurs subissent une perte de capital humain (obsolescence des qualifications), ce qui réduit leur employabilité. Une partie des outsiders (les plus âgés) peuvent donc se retrouver durablement exclus d'une reprise de l'emploi.

2. – Pour d'autres analyses, le marché du travail ne détermine pas le niveau de l'emploi

a. – L'analyse keynésienne du chômage

Pour John Maynard Keynes (1883-1946), le chômage est de nature essentiellement involontaire.

L'auteur de *La théorie générale de l'emploi, de l'intérêt et de la monnaie* (1936) conteste l'existence d'un marché du travail tel que le définissent les économistes néoclassiques : il ne s'agit que d'une fiction théorique. En effet, les salariés n'ont pas la possibilité d'arbitrer entre travail et loisir puisqu'ils ne peuvent se passer d'un revenu. Le travail n'est pas une marchandise comme une autre, le salaire répond en grande partie à des normes institutionnelles (droit du travail, négociation...). La fonction d'offre de travail est donc insensible au prix.

En outre, les salariés sont victimes de l'illusion monétaire. Ne sachant pas apprécier l'évolution du niveau général des prix et donc de leur pouvoir d'achat, les travailleurs s'opposent à toute baisse du salaire nominal. L'ajustement a lieu *ex post* (après coup) rendant impossible les calculs d'optimisation.

Si la demande de travail n'est pas insensible au niveau des salaires (Keynes ne conteste pas qu'une baisse des salaires réels puisse à court terme stimuler l'emploi), elle est fondamentalement déterminée par la demande effective, c'est-à-dire la demande attendue par les chefs d'entreprise. Elle est déterminée elle-même par la demande de biens de consommation (résultant de la propension marginale à consommer) et la demande d'investissement (résultant d'un calcul de rentabilité et des anticipations subjectives des entrepreneurs).

La fixation du niveau de l'emploi ne découle pas de la libre confrontation de l'offre et de la demande de travail, mais du niveau de la demande globale.

Dans ce cas, des équilibres de sous-emploi sont envisageables et même probables. Si l'équilibre sur les marchés des biens et services et des capitaux ne permet pas d'employer toute la population active, il en résulte un chômage involontaire.

Loin de résorber les déséquilibres comme l'envisagent les néoclassiques, une baisse des salaires peut au contraire aggraver le sous-emploi. En effet, si le salaire représente un coût pour les entreprises, il est aussi un revenu pour la collectivité : une baisse des rémunérations déprime la demande effective en diminuant la consommation des salariés et alimente une spirale déflationniste qu'aucun mécanisme spontané ne peut stopper. L'intervention de l'État est alors nécessaire pour relancer la demande.

b. – L'analyse marxiste du chômage

Pour K. Marx (1818-1883), le chômage a une fonction de régulation dans les économies capitalistes. Il vient de la volonté des capitalistes de substituer du capital constant (moyens matériels) au capital variable (dépenses en travail) afin d'accroître leurs profits et lutter contre la concurrence.

La baisse des coûts de production va permettre de diminuer la valeur des marchandises, mais au prix d'une utilisation croissante de capital. D'où une « baisse tendancielle du taux de profit » que les capitalistes vont essayer de juguler en comprimant les salaires. L'existence d'une « armée industrielle de réserve » (expression qu'emploie Marx lorsqu'il parle des chômeurs) permet d'exercer une pression à la baisse sur les salaires indispensable à la poursuite de l'accumulation du capital. La classe capitaliste trouve donc intérêt à maintenir une partie de la population active en dehors du système productif.

Pour ce faire, les capitalistes peuvent « fabriquer des surnuméraires [...] en remplaçant une force supérieure et plus chère par plusieurs forces inférieures et à bon marché, l'homme par la femme, l'adulte par l'adolescent et l'enfant, un Yankee par trois Chinois ».

Mais cette logique contient en germe les contradictions internes au capitalisme : l'insuffisance des débouchés conduit à des crises de surproduction récurrentes et condamne à terme ce mode de production.

La **théorie de la segmentation** (M. Piore et P. Doeringer) trouve un écho dans l'analyse marxiste. Il s'agit de montrer que le marché du travail est divisé (« balkanisé ») en deux sous-marchés (c'est la raison pour laquelle on parle aussi de théorie du dualisme) :

– un marché primaire caractérisé par des emplois bien rémunérés, des perspectives de promotion, de bonnes conditions de travail, une forte présence syndicale ;

– un marché secondaire dont les caractéristiques sont opposées.

L'existence d'un tel phénomène ne s'explique pas par des inégalités de productivité entre les travailleurs mais par la nature des emplois proposés. C'est le marché qui produit cette partition.

Dans une tradition marxiste, Michaël Piore évoque « les efforts des employeurs pour diviser ce qui serait sinon une classe ouvrière unie, et éliminer la perspective de la révolution ».

Plus généralement, certaines entreprises constituent des marchés internes du travail (promotion, gestion de carrière, pourvoi des emplois vacants à partir de leurs propres employés) sans passer par le recrutement direct sur le marché du travail. Elles repoussent les fluctuations de l'activité et de l'emploi sur d'autres entreprises par la voie de la sous-traitance ou de la filialisation.

Dans ces dernières, on retrouve les éléments constitutifs du marché secondaire et une surreprésentation de catégories stigmatisées : immigrés, femmes et jeunes peu qualifiés.

3. – La théorie des déséquilibres

Les théoriciens du déséquilibre (E. Malinvaud, 1977 ; J.-P. Benassy, 1984) opèrent une synthèse entre les approches néoclassique et keynésienne.

L'hypothèse de départ repose sur la fixité des prix (y compris les salaires) en courte période. En conséquence, les échanges peuvent se réaliser à des prix non walrassiens (c'est-à-dire à des prix n'égalisant pas l'offre et la demande) et conduirent à un décalage entre les quantités demandées et offertes. Les agents « rationnés » sur un marché vont modifier leur comportement et déséquilibrer les autres marchés par effet de report.

Ces déséquilibres peuvent conduire à deux régimes de chômage :

– un chômage keynésien qui correspond à la situation où l'offre est excédentaire sur les deux marchés (des biens et services et du travail). Les entreprises ne peuvent pas produire davantage en raison d'une demande effective insuffisante, ce qui conduit à un sous-emploi. Dans cette situation, seule une politique de relance keynésienne permet le retour à l'équilibre ;

– un chômage classique qui correspond à un rationnement des ménages sur les deux marchés (il y a excès de demande sur le marché des biens et services et d'offre sur le marché du travail). Le déséquilibre provient de ce que les prix étant trop bas, les entreprises ne jugent pas rentable de satisfaire la demande et de créer des emplois. Seule une baisse du coût salarial peut résorber ces déséquilibres. Enfin, la demande peut être excédentaire sur les deux marchés. C'est le cas lorsque les entreprises doivent faire face à une pénurie de main-d'œuvre, ce qui ne leur permet pas de satisfaire la demande sur le marché des biens et services. Cette situation doit conduire à une inflation « contenue » (puisque les prix sont rigides à court terme).

L'intérêt de cette analyse est de montrer que les deux régimes de chômage doivent être traités avec des remèdes différents. Mais la possible coexistence des deux types de chômage rend difficile les prescriptions de politique économique.

Le renouvellement des théories du marché du travail marque un progrès incontestable dans la connaissance des phénomènes de sous-emploi. Ces analyses montrent que le comportement rationnel des acteurs économiques peut conduire à un chômage durable lorsque certaines hypothèses de la concurrence pure et parfaite ne sont plus remplies. En mettant l'accent sur l'imperfection des marchés (en particulier l'asymétrie de l'information), les nouvelles théories du marché du travail tentent de se défaire des postulats les moins réalistes de la théorie standard.

Mais la volonté de rapprocher la théorie du fonctionnement réel de l'économie a pour corollaire de multiplier les approches de moyenne portée avec le risque de nous éloigner d'une compréhension globale du chômage.

CHAPITRE 7

Le chômage est-il dû à un coût du travail trop élevé ?

La relation salaire-emploi questionne les économistes depuis le début du XXe siècle. Pour les néoclassiques, le chômage s'explique par un niveau de salaire réel excessif qui réduit le volume d'emplois rentables. Si les prétentions salariales des travailleurs diminuent, toute la population active disponible trouvera à s'employer.

J.-M. Keynes va s'opposer vigoureusement aux économistes libéraux.

Dans une perspective macroéconomique, il montre que le salaire est aussi un revenu pour la collectivité. Une baisse de celui-ci ne ferait que diminuer la demande effective, provoquant une chute de la production et de l'emploi.

À partir des années 1970, l'impuissance des politiques keynésiennes face à la montée du chômage donne aux thèses libérales un nouveau crédit. Dans un contexte de mondialisation et d'exacerbation de la concurrence, une hausse du coût du travail conduirait inéluctablement à une dégradation du marché du travail. Les entreprises n'auraient d'autre choix que de substituer du capital au travail en réalisant des investissements de rationalisation.

Dans ce contexte, le poids des charges sociales est souvent jugé excessif, ce qui pénaliserait la compétitivité des entreprises et freinerait la demande de travail, en particulier des travailleurs non qualifiés.

1. – Les effets ambivalents d'une hausse du coût du travail sur le chômage

Le coût du travail représente le salaire brut tel qu'il est prévu par le contrat de travail auquel on déduit les cotisations à la charge des salariés (environ 20 %) : on obtient alors le salaire net. Il faut ajouter les cotisations à la charge de l'employeur qui représentent environ 40 % du salaire brut pour obtenir le coût total de la main-d'œuvre. La hausse du coût du travail peut donc résulter de l'augmentation des ces différentes composantes.

a. – Les répercussions négatives

La hausse du coût du travail peut avoir des effets négatifs sur l'emploi à différents niveaux.

– Au niveau microéconomique, une hausse du coût du travail peut inciter les entreprises à privilégier des modes d'organisation et de fabrication comportant une plus grande part d'équipement ou d'investissements immatériels, et une moindre part de travail. La hausse du coût du travail par rapport à celui du capital tend donc à accélérer la substitution du capital au travail dans les entreprises en donnant la priorité aux investissements de productivité. Il en résulte, toutes choses égales par ailleurs, une accélération des gains de productivité, donc un appauvrissement du contenu en emplois de la croissance : à taux de croissance équivalent, l'économie crée moins d'emplois.

– Au niveau macroéconomique, une hausse du coût du travail va se traduire par une déformation des prix relatifs sur le marché des biens et services. Si les entreprises répercutent la hausse du coût de la main d'œuvre sur leurs prix, il en résulte une baisse des prix relatifs des biens et services intensifs en capital. On peut alors s'attendre à ce que le choix des consommateurs s'oriente davantage vers les biens intensifs en capital (comme les biens à haute valeur ajoutée), dont le coût relatif a baissé, au détriment des biens et services intensifs en travail (comme les services à la personne). Ce qui devrait jouer négativement sur la demande de travail.

– La hausse du coût du travail peut se traduire par une baisse des profits des entreprises. Toutes choses égales par ailleurs, si le coût salarial augmente, l'excédent brut d'exploitation (EBE) diminue ainsi que la capacité d'autofinancement de la firme, ce qui freine l'investissement et l'emploi.

– Enfin, la hausse du coût du travail peut se traduire par une augmentation du prix des biens et services, avec pour corollaire une dégradation de la compétitivité-prix tant sur le marché intérieur qu'à l'exportation, ce qui tend à diminuer la production domestique, donc l'emploi. Si les entreprises compriment leur marge pour rester compétitives, elles devront alors subir une baisse de leur rentabilité préjudiciable à leur développement futur.

b. – Les répercussions positives

La hausse du coût salarial peut aussi contribuer à une baisse du chômage.

– Au niveau microéconomique, une hausse des salaires peut constituer une incitation à la hausse de la productivité de la part des salariés. À partir de la théorie du salaire d'efficience (voir chapitre 6), on peut montrer qu'il est rationnel pour une entreprise de proposer des salaires relativement élevés afin d'attirer et de sélectionner les meilleurs candidats à l'embauche, de limiter le *turn-over* et de stimuler leur effort au travail. Il peut en résulter une baisse du coût unitaire du travail c'est-à-dire une baisse du coût du travail par unité produite, donc une amélioration de la compétitivité et de l'emploi.

– Au niveau macroéconomique, la hausse des salaires peut élever le niveau de la consommation, donc le niveau de la production et de l'emploi.

Les effets théoriques d'une hausse du coût du travail sur le chômage sont donc incertains ; une analyse plus empirique est nécessaire pour en tirer des conclusions plus significatives.

2. – Les études empiriques montrent une faible sensibilité du chômage aux variations du coût du travail

a. – Un lien distendu entre coût du travail et emploi

La plupart des travaux économétriques montrent qu'une baisse ou une faible progression du coût du travail ralentit la substitution capital/travail. L'élasticité (ou sensibilité) de la demande de travail au coût du travail est généralement négative, mais le niveau et la vitesse des ajustements varient sensiblement selon les pays.

Les effets d'une variation du coût du travail sur la combinaison productive seront d'autant plus élevés que les facteurs de production sont fortement substituables.

La France constitue un cas singulier puisque les études macroéconomiques ne permettent pas de mettre en évidence un impact de la baisse du coût du travail sur le rythme de la substitution capital/travail. « L'énigme » française pourrait découler d'une sous-évaluation de l'investissement et du stock de capital installé.

Des facteurs culturels pourraient par ailleurs expliquer que les Français sont moins enclins à faire appel aux services à la personne même lorsque le coût du travail de ces emplois (peu valorisés) diminue.

Le rapport du Conseil d'Analyse économique (*Réduction du chômage : les réussites en Europe*, 2000) montre par ailleurs que la substitution capital/travail dépend tout autant de l'évolution du coût du travail que des anticipations de revendications salariales par les entreprises. « L'existence d'engagements globaux et durables de modération salariale, acceptés par les syndicats et jugés fiables par les entreprises, modifieraient leur comportement dans le choix des combinaisons productives et les décisions de création d'emplois ». Ce contexte expliquerait une substitution capital/travail plus lente dans les pays qui réussissent le mieux en matière d'emploi.

L'absence de relation statistique constatée pour la France pourrait alors s'interpréter comme un manque de confiance des entreprises dans la poursuite de la politique d'allègement des charges sur les salaires.

La relation « baisse du coût du travail – profit – investissement – compétitivité – emploi – baisse du chômage » est beaucoup plus incertaine. Si la part des salaires dans le PIB a reculé dans presque tous les pays industrialisés depuis les années 1980, l'amélioration du taux de marge (Excédent Brut d'Exploitation/Valeur ajoutée) des entreprises est allée de pair avec l'augmentation du taux de chômage.

En fait, les politiques de baisse du coût du travail peuvent conduire à des spirales récessives si elles sont conduites également dans des pays voisins. Que cela se traduise par un ralentissement des salaires, une hausse des impôts (pour compenser un allègement des charges) et/ou une baisse des dépenses publiques, la consommation finale sera freinée. Les politiques restrictives conduites en Europe, en particulier depuis les années 1980, ont déprimé l'activité, chaque pays essayant d'exporter son chômage.

De fait, les entreprises ont préféré placer leurs profits sur les marchés financiers (attrait de taux d'intérêt réels très élevés) que réaliser des investissements productifs dans un contexte d'atonie de la demande.

On retrouve la double nature du salaire : c'est à la fois un coût pour l'entreprise (qui diminue son EBE) et un revenu pour les salariés (qui leur permet de consommer). Si le partage de la valeur ajoutée devient trop favorable aux entreprises, la croissance vient buter sur une contrainte de débouchés par insuffisance de consommation (chômage keynésien), dans le cas inverse, une insuffisante rentabilité liée à des salaires trop élevés peut remettre en cause l'investissement et donc la pérennité de la croissance (chômage classique).

b. – Les travailleurs peu qualifiés sont victimes d'un double « effet de substitution »

Le taux de chômage des travailleurs non qualifiés a progressé dans tous les pays industrialisés et se situe en France dix points au-dessus de la moyenne générale. Ce constat amène à penser que le coût du travail de cette catégorie se situe au-dessus du salaire d'équilibre entraînant une baisse de la demande relative de travail non qualifié et un surchômage des peu diplômés.

Des études microéconomiques suggèrent que la sensibilité de l'emploi au coût du travail est plus élevée pour le travail peu qualifié que pour le travail qualifié qui serait ainsi « complémentaire » du capital. La demande de travail est d'autant plus sensible au coût que les qualifications sont moins élevées.

En outre, l'élévation du salaire minimum pourrait encourager les entreprises à substituer des travailleurs qualifiés à ceux qui le sont moins. L'augmentation de diplômés occupant des emplois pour lesquels ils sont surqualifiés depuis les années 1980 et 1990 aurait ainsi permis de compenser la hausse du coût du travail (puisqu'ils sont jugés plus productifs).

Les travailleurs les moins qualifiés sont donc exposés à un double risque de substitution : capital/travail et travail qualifié/travail non qualifié.

L'exemple des États-Unis semble confirmer une forte sensibilité de l'emploi au coût du travail pour les salariés les moins qualifiés. À partir des années 1980, le salaire relatif des travailleurs les moins qualifiés a fortement diminué par rapport à celui des plus qualifiés. La faiblesse des bas salaires serait à l'origine de plusieurs millions d'emplois créés dans les services marchands (les fameux *Mc jobs*) avec pour contrepartie une aggravation des inégalités et une montée des travailleurs pauvres (*working poor*).

Les bonnes performances réalisées par le Royaume-Uni et les États-Unis en terme de chômage doivent être toutefois relativisées. Le taux d'activité des hommes les moins qualifiés a sensiblement reculé dans ces deux pays, une partie des actifs préférant se retirer du marché du travail compte tenu des conditions de rémunération.

J.-P. Fitoussi, président de l'Observatoire français des conjonctures économiques (OFCE), a réalisé une étude concernant les effets du SMIC en France sur les taux de chômage des différentes catégories de qualification entre 1971 et 1991. Les résultats sont les suivants :

– la revalorisation du SMIC a eu pour conséquence de réduire l'éventail des salaires, donc d'atténuer les inégalités salariales ;

– le niveau relativement élevé (donc incitatif) du salaire minimum a permis de stabiliser les taux d'activité des jeunes sur le marché du travail malgré l'augmentation du chômage ;

– l'observation statistique montre que la revalorisation du SMIC a contribué à accroître faiblement le chômage des jeunes les moins qualifiés sans affecter toutefois le taux de chômage global.

L'alternative conduirait donc à arbitrer entre une progression des inégalités et une hausse du chômage, avec, dans les deux cas, une hausse de la pauvreté. À choisir entre le « modèle » anglo-saxon ou européen.

Pour dépasser ce dilemme, une réforme des charges sociales peut ouvrir une troisième voie.

3. – Le débat sur les charges sociales

a. – Le poids et la structure du coin fiscal

Le coin socio-fiscal se définit comme l'écart entre le coût total du travail et le salaire net disponible du salarié [coin socio-fiscal = coût du travail – (cotisations patronales et salariés + impôt sur le revenu)]. La France se caractérise par l'importance du coin socio-fiscal comparé aux autres pays industrialisés quoique celui-ci reste assez proche de la moyenne européenne. En revanche, la composition de ce soin socio-fiscal se révèle atypique par rapport aux autres pays : la part élevée des cotisations sociales et la faiblesse relative de l'impôt sur le revenu. Ce constat a souvent conduit les entreprises à dénoncer le coût excessif du travail qui en résulte.

Pourtant, une analyse comparative du coût horaire de la main-d'œuvre dans l'industrie n'invite pas à conclure que la France souffre d'un handicap par rapport à ses partenaires. Bien que la seule mesure pertinente dans ce domaine soit le coût salarial unitaire qui permet de comparer le coût du facteur travail à productivité égale, le coût du travail en France se situe dans la moyenne des pays industrialisés.

Le niveau élevé des charges sociales est donc (au moins en partie) compensé par des salaires nets plus faibles.

Un débat subsiste sur le fait de savoir si la structure des prélèvements socio-fiscaux a une incidence sur le fonctionnement du marché du travail et donc l'emploi et le chômage. D'une part, le coin socio-fiscal peut conduire à une réduction de l'offre de travail si les salariés considèrent que leur rémunération nette est insuffisante. Il en résulte alors une baisse de la croissance potentielle et du volume de l'emploi. D'autre part, le coin socio-fiscal peut générer une hausse du coût du travail selon la perception que s'en font les salariés. S'ils considèrent qu'une augmentation du coin fiscal ponctionne leur pouvoir d'achat sans considérer qu'elle est la contrepartie de revenus différés supérieurs ou d'une offre de services publics élargie, ils auront tendance à la répercuter dans leurs revendications salariales. Cela revient à se demander si le niveau des prestations et des services collectifs rendus correspond bien aux attentes des salariés.

En fait, la répercussion d'une hausse des prélèvements sur le coût de la main-d'œuvre varie selon la nature du prélèvement et selon les pays.

Une hausse des cotisations sociales patronales entraîne une hausse partielle du coût du travail en France ; elle est répercutée en totalité en Allemagne et intégralement compensée aux États-Unis par une baisse du salaire disponible.

À ce titre, le projet de prélever l'impôt sur le revenu à la source pourrait ne pas s'avérer neutre sur l'évolution du coût du travail.

b. – Réduire le « coin fiscal » sur les bas salaires

Le débat sur la réduction des prélèvements sociaux porte essentiellement sur les bas salaires. D'une part, toute augmentation du coin socio-fiscal se répercute intégralement sur le coût du travail pour les salariés rémunérés au SMIC sans pouvoir être compensée par une baisse des salaires nets avec des conséquences négatives sur l'emploi de cette catégorie de travailleurs.

D'autre part, diminuer le coût relatif du travail peu qualifié apparaît comme un moyen de sauvegarder les emplois peu qualifiés, soumis au progrès technique et à la concurrence des pays à bas salaires. Il existe deux modalités principales d'abaissement des charges sociales sur les bas salaires :

– exonérer de charges sociales les *x* premiers euros du salaire. Ceci permettrait un allègement du coût du travail relativement plus sensible pour les bas salaires mais rendrait la mesure coûteuse (la réduction de charges s'appliquant à tous les salariés) et donc moins efficace en raison de sa « dilution » sur l'ensemble des salaires ;

– instaurer une exonération dégressive en fonction du salaire. C'est le choix qui a été fait par la France. Depuis 2005, la réduction des cotisations patronales correspond à un maximum de 26 % du salaire brut horaire au niveau du SMIC pour atteindre linéairement 0 % pour un salarié dont la rémunération horaire équivaut à 1,6 SMIC. Le fait que la croissance soit pus riche en emplois depuis le milieu des années 1990 pourrait résulter en partie des allègements de charges sur les bas salaires.

Toutefois, le caractère dégressif de la ristourne présente un effet pervers, celui de créer une « trappe à bas salaires et à basses qualifications » (c'est-à-dire d'immobiliser les salariés dans des emplois à bas salaires) dans la mesure où toute augmentation de salaire génère des coûts plus que proportionnels pour l'employeur. Ce dispositif décourage par ailleurs l'effort de formation des salariés sous peine de devoir valoriser les compétences acquises.

L'Insee (Économie et Statistique, n° 348) a procédé à une nouvelle évaluation des effets des allègements de charges sociales sur les bas salaires engagés au milieu des années 1990. Les résultats montrent que ces réductions de charges auraient permis de créer ou de sauvegarder 460 000 emplois, pour un coût total d'environ 38 milliards de francs (5,79 milliards d'€). La moitié de ces emplois seraient des emplois non qualifiés. Ceci s'explique par la substitution de nombreux salariés non qualifiés à des salariés qualifiés et à une baisse des coûts de production ayant permis aux entreprises d'accroître la production et l'emploi. En revanche, l'étude ne tient pas compte des effets potentiellement récessifs d'une hausse des prélèvements visant à financer cette mesure.

Dans la mesure où la sensibilité de l'emploi au coût du travail pour les salariés les moins qualifiés est relativement forte, la pérennisation (voire l'extension) de l'abaissement des charges sur les bas salaires se justifie.

Par ailleurs, le chantier entamé en 1991 avec l'introduction de la contribution sociale généralisée (CSG) visant à fiscaliser les prélèvements sociaux (c'est-à-dire transférer sur l'impôt) doit être poursuivi. Il est économiquement injustifié que le financement de la protection sociale repose essentiellement sur le facteur travail alors que la couverture sociale a été étendue à l'ensemble de la population. Mais la poursuite du transfert des cotisations sociales vers l'impôt nécessite une harmonisation fiscale à l'échelle européenne dont l'issue reste incertaine.

CHAPITRE 8

La flexibilité du travail peut-elle permettre de lutter efficacement contre le chômage ?

Le 12 mars 2002, le journal *Le Monde* titrait son dossier Économie : « Le droit du travail sera-t-il bientôt… hors la loi ? ». La Refondation sociale lancée en 1999 par le MEDEF (Mouvement des entreprises de France) a débouché sur un accord, avec quatre centrales syndicales, prévoyant que « le SMIC ou la durée légale du travail pourraient ne plus être des principes fondamentaux fixés par la loi ». Une occasion de rappeler que la flexibilité reste un sujet récurrent dans le débat sur la lutte contre le chômage.

Cette thématique relève d'une approche libérale de l'économie qui explique les déséquilibres constatés sur le marché du travail par des rigidités empêchant les salaires de s'ajuster librement au gré de l'offre et de la demande. En libérant le marché du travail de toute entrave, il serait possible de parvenir au plein-emploi grâce aux vertus autorégulatrices du marché.

Plusieurs rapports de l'OCDE (Organisation de développement et de coopération économique) ont mis l'accent sur le lien entre flexibilité et chômage en distinguant deux « modèles » opposés : un modèle anglo-saxon caractérisé par une flexibilité élevée et un taux de chômage faible et un modèle européen aux caractéristiques opposées. Fort de ce constat, les experts de l'OCDE ont exhorté l'Europe, et la France en particulier, à déréglementer leur marché du travail afin d'améliorer leurs performances d'emploi.

Pourtant, le retour de la croissance et la forte baisse du chômage à la fin des années 1990 en Europe ont remis en cause un discours marqué du sceau de l'évidence. En outre, la flexibilité du travail n'est pas exempte d'effets pervers.

1. – La flexibilité du travail peut être favorable à l'emploi

La flexibilité du travail a pour objectif d'adapter à tout moment les besoins de main-d'œuvre aux fluctuations de l'activité, aux circonstances changeantes de la production.

On peut distinguer plusieurs modalités d'ajustement.

– La flexibilité externe consiste à faire varier le nombre de salariés dans l'entreprise en ayant recours aux licenciements ou aux formes d'emplois « atypiques » (intérim, contrat à durée déterminée, temps partiel). L'entreprise peut aussi transférer le poids des ajustements sur la sous-traitance qui assumera les aléas conjoncturels à sa place.

– La flexibilité interne consiste à utiliser différemment les salariés dans l'entreprise, soit en aménageant le temps de travail (l'annualisation du temps de travail en est un exemple), soit en affectant des salariés à des postes de travail variés (ce qui suppose une polyvalence des travailleurs). L'entreprise peut encore recourir à une adaptation du coût du travail à la conjoncture en individualisant les salaires.

Mais les possibilités d'ajustement du facteur travail sont conditionnées par la réglementation sur le marché du travail. Les dispositions légales et les acquis des conventions collectives encadrent et précisent :

– les conditions d'embauche et de licenciement ;

– le recours aux emplois « atypiques » (contrat à durée déterminée, intérim, contrats aidés...)

– l'utilisation des heures supplémentaires et leur rémunération ;

– le salaire minimum et les droits à la protection sociale ;

– les négociations au sein de l'entreprise.

Ces « rigidités », non exhaustives, sont régulièrement dénoncées par le patronat qui y voit la principale explication du sous-emploi en France.

La bataille menée contre l'autorisation administrative de licenciement par le patronat jusqu'à sa suppression en 1986 est à cet égard significative : les difficultés des entreprises pour licencier en période de ralentissement conjoncturel auraient justifié le recours aux heures supplémentaires en période de reprise au détriment de l'embauche (compte tenu de la difficulté de se séparer de la main-d'œuvre excédentaire lorsque l'activité ralentit).

De même, l'existence de seuils sociaux (un délégué du personnel à partir de dix salariés, un comité d'entreprise à partir de cinquante salariés...) constituerait un frein à l'embauche.

Favoriser la flexibilité des emplois permettrait :

– aux entreprises d'adapter plus rapidement leurs besoins en main-d'œuvre aux évolutions de la demande ;

– à certains travailleurs de multiplier les expériences professionnelles et ainsi d'améliorer leur « employabilité » ;

– de limiter l'ancienneté au chômage et la déqualification qui en découle. Parce que le chômage de longue durée est stigmatisant, un emploi précaire améliore les chances d'accès à un emploi stable.

Ces formes particulières d'emplois précaires pourraient par ailleurs se transformer en emploi stable lorsque la croissance devient durable.

Mais la principale rigidité sur le marché du travail concerne sans aucun doute l'existence d'un salaire minimum qui élève les salaires, notamment des jeunes et des travailleurs peu qualifiés, au-dessus de leur niveau de productivité, ce qui réduit le nombre d'emplois rentables.

Les syndicats, en faussant les règles de libre concurrence entre les travailleurs rigidifient les salaires à la baisse et empêchent le retour à l'équilibre sur le marché du travail.

De manière générale, un meilleur ajustement du facteur travail à l'emploi désiré permet d'améliorer la compétitivité des entreprises.

Ces dernières peuvent réduire leurs coûts de production, améliorer leur compétitivité-prix, gagner des parts de marché et, à terme, créer des emplois.

La flexibilité du travail est l'objet d'un autre enjeu depuis la mise en place de l'euro. Si une partie des pays membres de l'Union économique et monétaire (UEM) subit une contraction brutale de l'activité (on parle alors de choc asymétrique), les économies touchées par la récession sont *a priori* démunies pour contenir la dégradation de leur marché du travail :

– la politique monétaire est du ressort de la Banque centrale européenne ;

– la politique budgétaire est contrainte par le Pacte de stabilité qui limite le déficit budgétaire à 3 % du PIB ;

– l'action sur les taux de change est rendue impossible (il n'y a plus possibilité de pratiquer des dévaluations compétitives) ;

– les migrations de population active d'un pays vers un autre sont limitées (contrairement à ce que l'on observe aux États-Unis où les migrations inter-États sont fortes).

Ne reste que la flexibilité salariale comme variable d'ajustement : une baisse des salaires permet de diminuer les coûts de production, les prix de vente et de gagner des parts de marché sur les marchés extérieurs. La création d'emplois qui en résulte permet le retour à l'équilibre sur le marché du travail.

On peut néanmoins douter que la flexibilité salariale soit suffisante en Europe (et socialement supportable) pour compenser les effets d'un choc macroéconomique asymétrique. Il serait en outre inacceptable de favoriser des pratiques non coopératives au sein de l'Union européenne. Le débat se déplace alors pour savoir s'il n'est pas nécessaire de doter l'Europe d'un véritable budget fédéral capable d'amortir les conséquences de chocs asymétriques.

2. – Les études empiriques ne confirment pas le lien entre flexibilité et chômage

Plusieurs travaux ont été conduits pour tester l'hypothèse d'une corrélation négative (conforme à l'analyse néoclassique) entre flexibilité et chômage. Est-ce que les économies les moins réglementées obtiennent de meilleurs résultats en terme de chômage ?

Grubb et Wells (1993) ont proposé une classification de différents pays en fonction de la rigueur de leur législation.

La rigueur de la réglementation est très variable selon les pays. Les États-Unis et le Royaume-Uni sont sans surprise les pays où les contraintes institutionnelles sont les plus faibles, l'Irlande et le Danemark suivent de près. À l'opposé, les pays du Sud de l'Europe se caractérisent par une réglementation relativement contraignante.

Pourtant, parmi les pays européens qui ont vu leur chômage le plus reculer, on trouve notamment le Royaume-Uni et la Suède qui connaissent une réglementation de l'emploi très inégalement rigoureuse.

Une étude comparable réalisée par l'OCDE et citée par le Conseil d'Analyse économique (*Réduction du chômage : les réussites en Europe*, 2000) parvient au même résultat : aucune corrélation n'apparaît entre degré de flexibilité et taux de chômage.

Pour les auteurs de ce rapport, « ce que remet en cause ce constat, c'est la version la plus extrême des promoteurs de la réforme institutionnelle, selon laquelle le cadre institutionnel serait à lui seul susceptible de différencier les performances en matière de chômage ».

Si la réglementation de l'emploi n'influe pas sur le niveau global du chômage, en revanche elle est susceptible d'affecter la structure et la dynamique de l'emploi.

Les pays dont la législation du travail est contraignante en matière de licenciement ont tendance à recourir davantage aux formes particulières d'emploi pour ajuster leurs effectifs aux évolutions conjoncturelles.

De même, une réglementation rigoureuse se traduit par une moindre rotation de la main-d'œuvre et des emplois. Ce qui explique que l'ancienneté au chômage soit en moyenne plus élevée dans les pays de l'Europe du Sud que dans les pays anglo-saxons.

Dans ce dernier groupe de pays, la vitesse d'ajustement des effectifs aux emplois désirés est relativement forte : les embauches suivent de près la reprise économique et symétriquement les licenciements interviennent dès l'amorce d'un retournement conjoncturel. Le poids de l'adaptation porte sur tous les salariés quelle que soit leur ancienneté dans l'emploi ; la mobilité de la main-d'œuvre est forte ; la durée moyenne de l'emploi et du chômage est en moyenne plus courte.

Lorsque la législation est plus contraignante, le poids de l'ajustement porte davantage sur le marché secondaire du travail (voir chapitre 6) qui joue le rôle « d'amortisseur » de la crise. Les flux d'entrée et de sortie au chômage sont plus faibles (même si, rappelons-le, ils représentent environ quatre millions de personnes par an dans un pays comme la France). Enfin, l'ancienneté dans l'emploi protège contre les risques de chômage et tend à rigidifier les situations existantes.

En ce qui concerne la flexibilité des salaires, les études empiriques conduisent à des résultats contre-intuitifs.

C'est dans les pays peu réglementés, qui peuvent choisir leurs variables d'ajustement, que les entreprises optent en majorité pour une flexibilité quantitative de l'emploi plutôt que pour une compression des salaires. On est loin du modèle néoclassique de flexibilité des prix comme mécanisme autorégulateur permettant de revenir à l'équilibre. On peut apporter plusieurs éléments d'explication :

– renégocier les salaires peut s'avérer long et coûteux ;

– les risques de conflits peuvent paralyser le processus ;

– La théorie du salaire d'efficience montre que diminuer les salaires fait peser le risque d'abaisser la productivité avec des effets incertains sur le coût unitaire du travail (pour plus de détails, voir chapitre 6).

A contrario, les pays dans lesquels la volatilité de l'emploi est plus faible connaissent une flexibilité des salaires réels plus marquée. Il y aurait en quelque sorte compensation : les rigidités de l'emploi s'accompagneraient d'une flexibilité salariale plus grande.

3. – La flexibilité du travail peut générer des effets pervers

La flexibilité du travail peut conduire à une précarisation croissante du marché du travail. Le recours de plus en plus fréquent aux emplois « atypiques », qui représentent en France environ 10 % des emplois, constitue une nouvelle forme de gestion de la main-d'œuvre.

Les entreprises tendent à substituer des emplois précaires aux emplois stables, même en période de croissance durable. L'emploi temporaire est perçu comme une période de mise à l'épreuve à l'issue de laquelle le demandeur d'emploi peut espérer « décrocher » un emploi stable.

Les emplois « atypiques » permettent avant tout aux entreprises d'opérer plus facilement et à moindre frais les ajustements au cycle économique. Certes, les coûts de recrutement et d'adaptation de la main-d'œuvre pénalisent la productivité à court terme mais sont jugés moins coûteux que des licenciements.

Les entreprises ne sont pas incitées à réaliser des efforts de formation pourtant indispensables afin d'adapter les travailleurs à des situations de travail de moins en moins taylorisées (c'est-à-dire requérant davantage d'autonomie). La flexibilité fonctionnelle (polyvalence des travailleurs) apparaît pourtant essentielle pour améliorer la compétitivité à long terme dans le cas de spécialisations sur des activités à haute valeur ajoutée.

Cela peut retarder les transformations nécessaires de l'organisation du travail et « scléroser » la négociation sociale au sein de l'entreprise.

Les salariés qui occupent ces emplois précaires cumulent les handicaps : salaires plus faibles, peu de perspectives de carrière, conditions de travail dégradées... ce qui accroît le dualisme sur le marché du travail.

Mais surtout, l'insécurité de l'emploi ne permet pas de se projeter dans l'avenir. Les travailleurs précaires sont exclus d'une norme de consommation (des crédits à la consommation et en particulier des prêts immobiliers par exemple). Une banque ne prête pas à un salarié détenteur d'un contrat à durée déterminée de six mois, ce qui freine l'investissement (en logements).

La montée de la précarité et du chômage pèse sur la confiance des ménages. Au début des années 1990, les ménages ont accru leur épargne de précaution pour faire face à une montée de l'incertitude. Consécutivement, la baisse de la demande a alimenté la récession et l'augmentation du chômage.

Plus généralement, en diminuant la masse salariale lors des récessions (licenciements, baisse des rémunérations, non reconduction des CDD et des missions d'intérim), la flexibilité est susceptible d'amplifier la crise en pesant sur la demande. En effet, l'indexation des salaires sur les prix, l'existence d'un salaire minimum, les politiques de redistribution… hérités de la période fordiste, ont été autant de mécanismes qui ont permis de jouer un rôle contra-cyclique (c'est-à-dire s'opposant au cycle) pendant les Trente glorieuses en soutenant la demande dans les phases de récession. *A contrario*, la crise des années 1930 a montré les effets dévastateurs d'une flexibilité des prix et notamment des salaires en plongeant l'économie mondiale dans une spirale déflationniste sans précédent.

De ce point de vue, la politique de déréglementation suivie avec plus ou moins d'intensité par les pays industrialisés depuis le début des années 1980 a contribué à renforcer le caractère cyclique de l'économie mondiale.

CHAPITRE 9

Une croissance durable pour lutter contre le chômage ?

La contribution de la croissance à la réduction du chômage paraît aller de soi. Comment ne pas rapprocher le ralentissement de la croissance économique depuis la crise de 1974 avec la progression presque ininterrompue du chômage sur la même période ?

Pourtant, les chercheurs de l'Institut de recherches économiques et sociales (*Les marchés du travail en Europe*, 1998) signalent que cette relation, « pourtant assez simple à identifier, est en général ignorée ou relativisée. [...] Elle révèle la prégnance du paradigme libéral [...]. Il va tellement de soi que les performances en matière de chômage ne peuvent provenir que d'améliorations apportées au marché du travail que l'on se dispense d'aller voir ce qui se passe du côté de la demande globale ».

La définition de la productivité du travail (Production/Quantité de travail) nous rappelle que l'évolution de l'emploi dépend de celle de la production et de la productivité. Autrement dit, l'évolution du PIB est un déterminant central dans l'analyse du chômage. Le retour de la croissance à la fin des années 1990 l'a montré : l'économie française a créé près de deux millions d'emplois et fait reculer le chômage de 900 000 personnes entre 1997 et 2000. *A contrario*, la récession consécutive à la crise des subprimes à partir de 2008 s'est accompagnée de destructions massives d'emplois.

Y a-t-il une relation mécanique entre croissance et chômage ?

Quel taux de croissance est susceptible de faire reculer le chômage ?

Une croissance forte ne risque-t-elle pas de venir buter sur des contraintes d'offre (insuffisance des facteurs travail et capital) ?

1. – La baisse du chômage dépend du contenu en emploi de la croissance

a. – Une relation instable entre croissance, emploi et chômage

L'économiste américain (keynésien) Arthur Okun a montré dans les années 1960 qu'il fallait aux États-Unis « un taux de croissance de 3 % du Produit National Brut pour obtenir une augmentation de 1 % des emplois ». Cette relation a paru suffisamment robuste pour qu'on lui attribue le nom de « loi d'Okun ».

Pourtant, il n'existe pas de lien mécanique entre croissance, emploi, et, *a fortiori*, chômage. Des variables intermédiaires sont susceptibles de perturber cette relation.

– Il faut tout d'abord faire intervenir les gains de productivité.

Puisque le taux de croissance de l'emploi (noté E) résulte de la différence entre le taux de croissance de la production (Y) et le taux de croissance de la productivité (P), les créations d'emplois seront d'autant plus élevées que l'écart entre Y et P sera grand.

Toutes choses égales par ailleurs, une croissance intensive reposant sur une amélioration de l'efficacité des facteurs de production génère de faibles créations d'emploi.

– Ensuite, l'évolution de la durée du travail constitue un autre facteur susceptible d'influencer la sensibilité de l'emploi à la croissance. Une réduction du temps de travail diminue la productivité annuelle par tête et favorise la création d'emplois. Et réciproquement.

– Enfin, la flexion du taux d'activité (nombre d'actifs attirés sur le marché du travail sur le nombre d'emplois nouveaux créés multiplié par cent) mesure l'effet d'appel provoqué par une reprise de l'activité et la création consécutive de nouveaux emplois. Les actifs qui s'étaient retirés du marché du travail (chômeurs découragés), qui en étaient restés éloignés dans un contexte de chômage de masse (femmes au foyer) ou qui avaient différé leur entrée (étudiant « faute de mieux ») vont être attirés par les opportunités d'embauche et vont concurrencer les chômeurs « officiels ». On estime en France qu'il faut créer 100 emplois pour faire reculer le chômage de 70 personnes.

L'augmentation de la population active (résultat du dynamisme démographique et de l'activité croissante des femmes) peut annuler les effets positifs des créations d'emplois sur le chômage : si population active et emploi augmentent au même rythme, l'effet sur le chômage est nul.

Tous ces éléments sont de nature à relativiser les effets de la croissance sur le chômage et expliquent l'évolution du contenu en emploi de la croissance depuis ces vingt dernières années.

b. – Une croissance plus riche en emploi depuis les années 1990

Pendant les décennies 1970 et 1980, la sensibilité de l'emploi à la croissance est moindre par rapport à la période suivante.

Les gains de productivité ont en grande partie neutralisé les effets positifs de la croissance sur l'emploi. La vive reprise économique à la fin des années 1980 a certes permis de créer 700 000 emplois mais n'a fait reculer le chômage que d'un point et demi.

Depuis les années 1990, on note une forte corrélation entre croissance et emploi. En outre, ce dernier réagit vigoureusement aux fluctuations de l'activité économique. Ce lien rétabli entre croissance et emploi explique

que la période d'expansion que l'on a connue en France entre 1997 et 2000, pourtant moins vigoureuse que la précédente (3 % contre 4 % en moyenne annuelle), ait permis la création de près de deux millions d'emplois et la baisse du taux de chômage de 3,5 points.

Cela résulte du ralentissement des gains de productivité : ils sont passés de 2,5 % en moyenne annuelle entre 1974 et 1990 à environ 1 % pendant la dernière décennie.

Cela signifie que l'économie française crée des emplois à partir d'un taux de croissance supérieur à 1 % alors que ce « point mort » (c'est-à-dire le rythme de croissance permettant de stabiliser l'emploi) s'élevait à 2,5 % dans la précédente période.

Plusieurs explications peuvent être avancées :

– l'abaissement des charges sociales, notamment sur les bas salaires, a permis de diminuer le coût relatif du travail peu qualifié et de freiner la substitution capital-travail ;

– les exonérations substantielles sur les contrats à temps partiel ont facilité leur développement. Ils ont contribué à diminuer la durée moyenne du travail de 0,4 % par an sur la dernière période. Ils représentent aujourd'hui plus de 15 % des emplois. Si depuis 1998 les exonérations sur les temps partiels ont été revues à la baisse, le passage aux 35 heures a largement contribué à l'accentuation du partage du travail (pour plus de détails, voir chapitre 11) ;

– l'emploi non marchand aidé a progressé sous l'effet des politiques de l'emploi ;

– l'essor des emplois temporaires (CDD, intérim) permet aux entreprises d'ajuster plus rapidement leurs effectifs aux évolutions conjoncturelles.

Ainsi, les créations d'emploi et la baisse du chômage que l'on peut attendre d'une croissance durable et soutenue sont fonction du contenu en emploi de la croissance.

Depuis une décennie, la croissance bénéficie plus à l'emploi qu'aux augmentations de salaires. Mais au fur et à mesure que le chômage recule, la composante structurelle du sous-emploi fait naître de nouvelles contraintes.

2. – La croissance ne peut pas à elle seule résorber le chômage

a. – La croissance et le risque inflationniste

Pour mesurer la capacité de la croissance à résorber le chômage, il faut tout d'abord évaluer le poids du chômage keynésien, c'est-à-dire la composante conjoncturelle du sous-emploi.

En effet, si le chômage est de nature essentiellement structurelle, la croissance peut venir buter sur des contraintes d'offre (par exemple une pénurie de main-d'œuvre qualifiée). Le chômage ne peut alors être réduit par une relance de la demande globale.

La composante classique du chômage paraît dominante pour la période allant du premier choc pétrolier au milieu des années 1980.

En effet, les revendications salariales ont tardé à s'ajuster au nouveau contexte économique. Les salaires ont progressé plus vite que les gains de productivité, ce qui a diminué la rentabilité du capital, entraînant une diminution de l'emploi et une hausse du chômage.

À partir du milieu des années 1980, la composante keynésienne du chômage devient prépondérante. La politique de réduction des coûts salariaux et le chômage de masse contribuent à déformer le partage de la valeur ajoutée au détriment des salariés, avec des effets dépressifs sur la demande. En 1996, le chômage représente 12,5 %

de la population active, un record historique.

La dernière période de croissance (1997-2000) a permis de ramener le taux de chômage aux environ de 9 %. Un contexte international plus favorable, une politique économique plus accommodante et des réductions d'impôt en sont les principales causes.

Au-delà des cycles conjoncturels, la question se pose de savoir si l'économie française peut espérer atteindre le plein-emploi une fois la croissance repartie.

Cette interrogation renvoie à la problématique du NAIRU (*Non Accelerating Inflation Rate of Unemployment*). Il s'agit littéralement du « taux de chômage n'accélérant pas l'inflation ».

On peut l'évaluer à partir de la courbe de Phillips (du nom de son auteur, l'économiste néo-zélandais A.W. Phillips) qui met en évidence une relation inverse pour le Royaume-Uni entre le taux de croissance des salaires nominaux et le taux de chômage. Ceci s'explique par le fait qu'au voisinage du plein-emploi, les entreprises se font concurrence pour attirer la main-d'œuvre dont elles ont besoin, ce qui exerce une pression à la hausse sur les salaires. Lorsque le taux de chômage progresse, on assiste au phénomène inverse.

Par la suite, P.A. Samuelson (Prix Nobel, 1970) et R. Solow (prix Nobel, 1987) ont proposé une réinterprétation de la courbe de Phillips en substituant le taux d'inflation à la variation des salaires. L'hypothèse étant qu'une hausse des salaires pèsent sur les coûts de production et provoque une hausse des prix, et réciproquement. Ce « chômage d'équilibre » en-deça duquel naît des tensions inflationnistes a fait l'objet de nombreuses évaluations. Des études convergentes conduisent à estimer le NAIRU aux alentours de 8 % en France, soit un niveau très proche de celui observé en moyoenne ces dix dernières années.

Il faut pourtant signaler la grande variabilité dans le temps et dans l'espace de ces estimations. L'exemple des États-Unis en fournit une illustration : le NAIRU n'a cessé d'être revu à la baisse pendant les années 1990 au fur et à mesure que le taux de chômage reculait (pour atteindre 4 % en 2000) sans entraîner de tensions inflationnistes.

Néanmoins, des causes structurelles peuvent limiter l'impact de la croissance sur le chômage

b. – La croissance doit s'accompagner de réformes structurelles pour parvenir au plein-emploi

Le chômage structurel résulte d'un déséquilibre profond sur le marché du travail, et qui dépasse les seules « frictions » liées aux délais d'ajustement entre offres et demandes de travail. Il correspond à un niveau de chômage incompressible à un moment donné même lorsque l'activité économique se montre durablement soutenue.

Plusieurs éléments peuvent en rendre compte :

– les caractéristiques du système fiscal et social ;

– la rigidité du salaire minimum ;

– le système d'indemnisation du chômage ;

– l'inadaptation des qualifications ;

– l'insuffisante mobilité géographique et professionnelle des salariés ;

– les asymétries d'information entre employeurs et salariés.

Les politiques de « flexibilisation » conduites depuis les années 1980 ont largement atténué certaines de ces rigidités :

– suppression de l'autorisation administrative de licenciement (1986);
– assouplissement du recours aux emplois temporaires;
– baisse du coût du travail sur les bas salaires;
– diminution des indemnités de chômage.

En revanche, les problèmes de formation et de qualification retiennent particulièrement l'attention. En effet, les entreprises semblent éprouver des difficultés de recrutement, au moins dans certaines branches, lorsque le taux de chômage descend en deçà d'un certain seuil (comme à la fin des années 1990).

La courbe de Beveridge permet de rendre compte du degré de tension sur le marché du travail. Elle met en évidence une relation inverse entre le taux de chômage et le nombre de postes vacants. Toutes choses égales par ailleurs, lorsque le taux de chômage recule, un nombre croissant d'entreprises est confronté à une pénurie de main-d'œuvre, et réciproquement.

S'il n'y a rien de surprenant à ce que les entreprises connaissent des difficultés de recrutement lorsque l'on se rapproche du plein-emploi, le déplacement de la courbe vers la gauche est plus inquiétant. Ceci indique que pour un même taux de chômage, les difficultés de recrutements augmentent.

Cela signifierait que le taux de chômage structurel a augmenté depuis la crise, notamment sous l'effet d'une inadaptation de l'offre de main-d'œuvre aux emplois proposés.

L'augmentation du nombre de chômeurs de longue durée depuis les années 1980 n'est pas neutre sur la dynamique du retour à l'emploi. Les phénomènes « d'hystérèses » (phénomène se poursuivant même lorsque sa cause a disparu) peuvent expliquer l'exclusion durable de certains chômeurs du marché du travail (découragement, perte en capital humain) alors même que les conditions d'emploi s'améliorent (pour plus de détails, voir chapitre 6).

Autrement dit, le chômage de longue durée tend à s'autoreproduire et alimente le « noyau dur » du chômage.

La croissance économique est un déterminant essentiel dans la lutte contre le chômage. Les cinq pays d'Europe occidentale qui ont le plus réduit leur taux de chômage au cours de la décennie 1990 (Danemark, Irlande, Norvège, Pays-bas, Royaume-Uni) ont aussi connu un taux de croissance supérieur à la moyenne européenne.

Pour autant, l'évolution de la productivité peut, à court terme, réduire les créations d'emplois. À ce titre, on pourrait assister en France à une hausse des gains de productivité avec l'arrivée à maturité de certains dispositifs (baisse du coût du travail, passage aux 35 heures, emplois aidés) qui visaient à enrichir la croissance en emploi.

Mais les effets positifs de la croissance sur le chômage ne seront durables que si l'on favorise le retour à l'emploi de ceux qui en sont le plus éloignés.

CHAPITRE 10

La lutte contre le chômage passe-t-elle par la mise en œuvre d'une politique de relance ?

Une politique de relance, d'inspiration keynésienne, a pour objectif de lutter à court terme contre le sous-emploi en agissant sur la demande globale (biens de consommation et de production).

Les deux instruments privilégiés sont les politiques budgétaire (par l'accroissement des dépenses publiques) et monétaire (par la baisse des taux d'intérêt). Ils peuvent être combinés afin d'obtenir le meilleur résultat possible compte tenu des contraintes spécifiques pesant sur chaque économie : on parle alors de *policy mix* (politique mixte).

Si les politiques de relance keynésienne ont connu leur heure de gloire pendant les années 1960 en favorisant le plein-emploi, l'apparition simultanée de l'inflation et du chômage (on parle de stagflation) dans les années 1970 est venue remettre en cause leur efficacité. Dans le même temps, les critiques théoriques se sont faites plus virulentes contre les politiques keynésiennes.

Dans un contexte d'ouverture croissante des économies, les relances isolées (pratiquées par un seul pays) viennent buter sur la contrainte extérieure : la croissance plus rapide que permet la relance se traduit par une dégradation de la balance commerciale (augmentation des importations) et oblige à faire machine arrière.

Avec la crise, la montée de l'endettement public et la recherche de la maîtrise du déficit budgétaire suppriment les principales armes de la politique de relance. En France, l'échec de la « relance Mauroy » (1981-1982) marque la dernière tentative en la matière.

Si le passage à l'euro implique la mise sous tutelle des politiques budgétaire et monétaire, l'Union économique et monétaire peut devenir un nouvel espace pertinent pour conduire une politique de relance.

1. – L'intégration européenne contraint les politiques de relance

L'adoption de l'euro a conduit à une perte d'autonomie de la politique monétaire pour les pays membres de « l'Euroland » (sont concernés les quinze pays européens ayant adopté la monnaie unique; le Royaume-Uni, le Danemark et la Suède étant, pour l'instant, restés à l'écart).

C'est désormais la Banque centrale européenne (BCE), indépendante du pouvoir politique, qui définit et conduit la politique monétaire à un niveau centralisé, ce qui contribue à la convergence des taux d'intérêt au sein de l'Union.

Les objectifs de la BCE sont:

– la stabilité interne de la monnaie (ce qui implique de lutter contre l'inflation);

– la défense de la valeur de l'euro sur le marché des changes, en particulier vis-à-vis du dollar.

Cela signifie que les pays membres de l'Union économique et monétaire (UEM) ne peuvent plus compter sur la politique monétaire pour relancer la croissance et l'emploi. Il n'est plus possible pour un pays de la zone d'abaisser ses taux d'intérêt pour stimuler l'activité et réduire le chômage.

Cette perte de souveraineté touche aussi la politique de change puisque, par définition, avec une monnaie unique les variations de change ont disparu. Cela rend obsolète les pratiques de dévaluation compétitive qui permettaient par le passé de recouvrer sa compétitivité et « d'exporter » son chômage (puisque les gains de part de marché se font au détriment des pays tiers).

Si l'autonomie de la politique budgétaire est a priori sauvegardée au niveau national, le Pacte de stabilité et de croissance élaboré au Conseil européen de Dublin en décembre 1996 et finalisé au Conseil d'Amsterdam de juin 1997 encadre rigoureusement sa pratique. Il pérennise les critères du traité de Maastricht, en particulier le déficit public qui ne doit pas dépasser 3 % du PIB. En cas de dépassement, des sanctions financières sont prévues. Seule une récession exceptionnelle peut justifier un creusement du déficit au-delà de la règle des 3 %.

L'objectif, réaffirmé au Sommet de Barcelone en mars 2002, est de tendre vers une situation proche de l'équilibre.

Autrement dit, pour « assainir » les comptes publics, il faudra dégager des excédents budgétaires en période de croissance pour faire face à une détérioration du solde budgétaire en période de récession (augmentation des dépenses et baisse des recettes fiscales).

Le surcroît de ressources dégagé en conjoncture haute ne devra donc pas être utilisé pour relancer l'activité mais pour réduire le déficit.

De fait, les marges de manœuvre budgétaires sont fortement réduites pour les pays membres de la zone, d'autant que la situation financière de plusieurs d'entre eux était fortement dégradée avant même la crise des subprimes en 2008. À tel point que les plans de relance engagés par plusieurs pays pour faire face à cette violente récession ont été contraints dans leur ampleur alors que l'intensité de cette crise nécessitait d'y consacrer davantage de moyens.

Ainsi, les principaux leviers d'une politique de relance sont aujourd'hui contraints dans le cadre de l'intégration européenne. Les pays membres de la zone sont bien mal armés pour faire face à des chocs asymétriques (par exemple une récession touchant un seul pays). Par ailleurs, des arguments théoriques remettent en cause les bienfaits d'une relance pour lutter contre le chômage.

2. – Les économistes libéraux récusent l'efficacité d'une relance

Au-delà des critères contraignants du Pacte de stabilité, la mise en œuvre d'une politique de relance pour lutter contre le chômage peut prêter à discussion. Des arguments théoriques et factuels peuvent être avancés.

Pour les économistes libéraux, l'investissement public utilisé pour relancer l'économie ne fait que se substituer à l'investissement privé, sans modifier le niveau global de la demande : il y a « effet d'éviction ». Le mécanisme est le suivant : pour financer le déficit public généré par l'augmentation des dépenses, l'État va devoir emprunter sur les marchés financiers (une augmentation des impôts diminuerait l'efficacité de la relance). Ce faisant, il capte une partie de l'épargne disponible et contribue à accroître les taux d'intérêt (augmentation de la demande de fonds prêtables).

L'augmentation des taux d'intérêt décourage une partie des investissements privés, ce qui annule l'effet de relance.

Par ailleurs, les déficits budgétaires conduisent à un accroissement de l'endettement public qui peut produire un « effet boule de neige ». Les déficits (flux) successifs viennent gonfler la dette (stock). Les emprunts nécessaires pour faire face à ces déficits génèrent des frais financiers (intérêts) de plus en plus lourds qui alourdissent le poids de la dette. L'endettement n'est soutenable que si le taux d'intérêt réel est inférieur au taux de croissance du PIB.

Les principaux pays européens ont été soumis à cet effet jusqu'au milieu des années 1990 en raison du niveau élevé des taux d'intérêt réels.

Mais le pourfendeur des relances keynésiennes le plus virulent et le plus ancien est sans aucun doute Milton Friedman (prix Nobel, 1976) qui est le père fondateur du courant monétariste (on parle aussi de l'École de Chicago). Il considère qu'une augmentation de la dépense publique ne produira pas les effets escomptés car les ménages estiment que le revenu transitoire supplémentaire dont ils bénéficient (par exemple une augmentation des prestations sociales) devra être couvert par une augmentation future des impôts. Ils vont donc préférer épargner au lieu de consommer, ce qui annule l'effet de relance (théorème d'équivalence Ricardo-Barro).

Pour Friedman, « l'inflation est toujours et partout un phénomène monétaire ». Il faut renoncer à conduire des politiques monétaires discrétionnaires (c'est-à-dire au service d'une régulation de l'activité) car elles n'ont pas d'effets à long terme sur l'économie réelle (et en particulier sur le chômage). Pour éviter que les autorités monétaires ne soient tentées d'utiliser l'outil monétaire, il préconise d'assurer une croissance à taux constant de la masse monétaire (principe du k %) si nécessaire en l'inscrivant dans la Constitution !

Pour l'école des anticipations rationnelles (Nouvelle École Classique), les politiques de relance sont inefficaces même à court terme car les ménages anticipent correctement toutes les décisions de politique économique. Tout revenu supplémentaire sera donc épargné, ce qui retire toute efficacité aux mesures de relance.

Si certaines de ses analyses méritent d'être discutées (la théorie des anticipations rationnelles a été remise en cause par les pères fondateurs eux-mêmes !), les contraintes financières pesant sur de nombreux pays européens limitent toutefois la mise en œuvre de politiques de relance débridées. À moins que l'UEM donne de nouvelles marges de manœuvre...

3. – L'intégration européenne permet une politique de relance concertée

L'Union économique et monétaire a permis de desserrer la contrainte extérieure. En effet, grâce à la monnaie unique, les pays membres de la zone ont pu s'affranchir du « triangle des incompatibilité ». Robert A. Mundell (prix Nobel 1999) montre qu'il n'est pas possible pour un pays membre d'une zone monétaire de disposer à la fois d'une autonomie de sa politique monétaire, d'une liberté des mouvements de capitaux et de taux de changes fixes. Un pays qui veut relancer son économie en abaissant ses taux d'intérêt subit une fuite de capitaux (vers des pays proposant de meilleures rémunérations), ce qui tend à déprécier la valeur de sa monnaie (vente de monnaie nationale contre des devises étrangères). Or, la fixité des parités implique que les autorités monétaires interviennent pour soutenir la monnaie... en augmentant les taux d'intérêt !

La constitution d'un espace monétaire unifié redonne plus de poids à la politique monétaire puisqu'elle ne provoque plus de fluctuations monétaires intra-européennes et doit permettre de mieux résister aux principales devises que sont le yen et surtout le dollar. Parce que les échanges de l'Europe avec le reste du monde sont relativement limités, une politique de relance concertée retrouve toute son efficacité (une relance à l'échelle européenne ne bénéficie que faiblement au reste du monde).

L'euro donne une chance de pratiquer une politique monétaire accommodante sur le modèle de ce que fait la Réserve fédérale américaine. La croissance exceptionnelle enregistrée par les États-Unis durant les années 1990 n'est pas étrangère à cette politique.

Il semble que la BCE, toujours soucieuse de crédibilité, soit toujours plus prudente que la FED en particulier pour abaisser ses taux d'intérêt comme on peut l'observer en période de crise économique. Une politique de relance européenne serait d'autant plus efficace que la zone euro dispose d'une marge de croissance non inflationniste. Après des années de rigueur pour se conformer aux critères de Maastricht, la croissance effective des pays européens est restée durablement inférieure à la croissance potentielle. Par croissance potentielle, on entend la production maximale (déterminée par la quantité et l'efficacité des facteurs de production) qu'une économie peut soutenir sans qu'apparaissent des tensions inflationnistes.

L'écart de production (*output gap*) accumulé pendant les années 1990/2000 doit permettre de croître à un rythme soutenu sans risque d'un dérapage des prix.

Les contraintes politiques et/ou financières qui touchent la plupart des pays de la zone euro militent pour un *policy mix* qui combine une politique budgétaire plutôt restrictive (ne serait-ce que pour retrouver des marges de manœuvre en cas de récession) et une politique monétaire accommodante et pragmatique. La lutte contre le chômage ne peut pas être réduite à une politique structurelle.

CHAPITRE 11

La réduction du temps de travail une solution au chômage ? (l'exemple de la France)

La baisse annuelle de la durée du travail salarié est une tendance longue : en un peu plus d'un siècle, le temps de travail a reculé de moitié dans les principaux pays développés, excepté le Japon.

Pour y parvenir, ont été privilégiés la baisse de la durée légale du travail, l'avancement de l'âge de la retraite, l'octroi de congés payés, le développement du temps partiel volontaire…

La réduction du temps de travail (RTT) peut recouvrir deux préoccupations différentes :

– en période de croissance et de plein emploi, la RTT vise prioritairement à améliorer les conditions de travail et de vie du salarié ;

– en période de récession et de chômage massif, l'augmentation de l'emploi devient l'objectif principal de la RTT. Le volume global de travail est considéré comme une ressource rare, qu'il convient de partager.

C'est dans ce deuxième cas de figure que s'inscrit le passage aux 35 heures décidé sous le gouvernement Jospin en 1997 : la France connaît alors une croissance très faible (1,5 % en moyenne annuelle entre 1991 et 1997) et un taux de chômage historiquement élevé supérieur à 12 %.

C'est principalement sur cette expérience française que nous nous appuierons pour évaluer les effets d'une réduction collective du temps de travail sur le chômage même si son caractère local interdit de porter des conclusions générales. Quelle part lui attribuer dans la baisse du taux de chômage des années qui ont suivi ?

Les effets d'une RTT sont-ils pérennes à plus long terme ?

1. – La RTT peut contribuer à faire reculer le chômage

a. – Lorsque les conditions de financement sont assurées…

Pour que l'effet soit maximal sur l'emploi, une RTT doit se faire à coût constant pour les entreprises et les finances publiques. En effet, si la réduction du temps de travail se traduit par une hausse du coût salarial unitaire (c'est-à-dire du coût salarial pour une unité produite), la hausse des prix de vente qui en résulte affaiblit la compétitivité de l'entreprise. Dans le cas où elle comprime sa marge, c'est alors sa capacité d'investissement qui est amoindrie. Dans les deux cas, la firme voit ses parts de marché diminuer ainsi que l'emploi.

Si la RTT s'accompagne d'une aide publique, les emplois induits doivent permettre, *ex post* (après coup), d'équilibrer les dépenses initiales (augmentation des cotisations, baisse des prestations) sous peine d'aggraver les déficits publics et de limiter les marges de manœuvre pour d'autres actions.

Pour réduire la durée du travail sans remettre en cause ni le pouvoir d'achat des salariés (compensation salariale) ni l'équilibre financier des comptes publics et des entreprises, plusieurs éléments peuvent contribuer à son financement.

– Les gains de productivité atténuent la hausse de la masse salariale. Ils résultent d'une intensification et d'une réorganisation du travail permises notamment par l'annualisation du temps de travail. Cela consiste à calculer le temps de travail non plus sur une durée hebdomadaire mais annuelle; l'entreprise peut alors moduler les horaires de ses salariés au gré de l'activité économique et éviter ainsi le recours aux heures supplémentaires. Elle peut aussi allonger la durée d'utilisation du capital en introduisant une équipe de travail supplémentaire, ce qui accroît la productivité du capital (rapport entre la production et le capital exprimé en volume).

En contrepartie, les gains de productivité réduisent le potentiel de créations d'emplois.

– Un accord de modération salariale peut freiner la hausse du coût salarial unitaire. Dans le cadre du passage aux 35 heures, la plupart des accords de RTT ont débouché sur une compensation salariale totale (maintien du pouvoir d'achat) mais accompagnée d'un gel ou d'une moindre augmentation des salaires. Autrement dit, une partie des gains de productivité est affectée à la réduction des coûts de production de l'entreprise.

– Enfin, une aide publique permet d'amortir le choc salarial d'une RTT. À ce titre, les allégements de cotisations prévues par les lois Aubry (qui encadrent le passage aux 35 heures), bien que dégressifs dans le temps, représentent en moyenne sur cinq ans 3 à 4 % du coût du travail.

Au total, les gains de productivité, la modération salariale et les allégements de charges semblent suffisants pour financer le surcoût du travail lié à la RTT et assurer la pérennité des emplois créés.

b. – … la RTT peut créer des emplois et contribuer à la baisse du chômage

Les études empiriques indiquent que les lois Aubry ont créé enviorn 300 000 emplois entre 1997 et fin 2000 sur un total de 1 325 000 dans le secteur marchand sur la même période. Elle expliquerait à elle seule 30 % des emplois créés en 2000.

Mais toute création d'emploi ne se traduit pas par un recul proportionnel du chômage. L'amélioration du marché du travail attire des personnes jusque-là inactives, ce qui réduit les opportunités d'embauche pour les chômeurs. Compte tenu de ce phénomène, le passage aux 35 heures aurait permis de réduire le chômage de 200 000 personnes environ. La RTT aurait alors contribué pour plus de 20 % à la baisse du chômage entre 1997 et 2000.

Mais il faudrait aussi pouvoir mesurer l'impact de ces créations d'emplois sur la confiance retrouvée des ménages pendant cette période. L'augmentation de la consommation (suivant un schéma keynésien) stimule la production et l'emploi, ce qui alimente la baisse du chômage... L'observation semble confirmer cette analyse puisque la croissance repose essentiellement depuis la fin des années 1990 sur la dynamique de la demande intérieure.

2. – Mais des interrogations demeurent

a. – Une RTT ne peut à elle seule créer des emplois

Les modèles macroéconomiques montrent qu'une réduction du temps de travail crée d'autant plus d'emplois que :

– les capacités de production sont maintenues grâce à une réorganisation du travail ;

– les gains de productivité permettent de stabiliser les coûts salariaux ;

– une modération salariale et des allègements de cotisations sociales sont obtenus.

Impact d'une réduction de 10 % de la durée du travail sur l'emploi

En %	Scénario 1	Scénario 2	Scénario 3
Emploi	13	– 17	– 5
Production	6	– 22	– 16
Profits	12	– 33	– 8

Lecture : Scénario 1 : pas de compensation salariale, gains et productivité horaire de 50 %, durée d'utilisation des équipements constante. Scénario 2 : compensation salariale totale, absence de gains de productivité horaire, durée d'utilisation des équipements diminuée de 10 %. Scénario 3 : compensation salariale totale, gains de productivité horaire de 33 %, durée d'utilisation des équipements constante.
Source : Conseil d'Analyse Économique, Temps de travail, revenu et emploi, 2007.

D'après les calculs de P. Artus, P Cahuc et A. Zylberberg, dans le scénario 1 qui est le plus favorable à l'emploi, une réduction de 10 % de la durée du travail se traduit par un accroissement de 13 % de l'emploi, de 12 % des profits et de 6 % de la production. Le scénario 2 correspond à la situation la plus défavorable du point de vue de l'emploi. Entre ces deux cas limites, toutes les combinaisons sont envisageables comme peut l'illustre le scénario 3. Ces résultats montrent que les effets d'une réduction du temps de travail sur l'emploi sont incertains. Par ailleurs, aucune étude empirique ne permet de conclure qu'une réduction de la durée du travail peut à elle seule favoriser l'emploi. Le passage de 40 à 39 heures en France en 1982 avec compensation salariale intégrale (39 heures payées 40 heures) et sans réorganisation du travail s'est d'ailleurs traduit par des destructions d'emplois. L'évolution parallèle du coût du travail et de la productivité apparaît finalement comme des variables centrales pour évaluer l'impact final d'une politique de RTT sur l'emploi. Il semble de ce point de vue que les créations d'emplois permises par les lois Aubry soient davantage imputables à la baisse des cotisations sociales sur les bas salaires et aux gains de productivité horaire permis par la réorganisation du travail qu'à la baisse de la durée légale du travail proprement dite.

b. – Les effets à long terme d'une RTT sont incertains

Le potentiel de créations d'emplois sera tenu et les emplois créés pérennisés que si le financement de la RTT reste constant à moyen terme. Autrement dit, la question se pose de savoir si l'arbitrage des salariés en faveur de l'emploi peu durablement être maintenu. Si on assiste à une amélioration du marché du travail, on peut penser que les salariés seront moins disposés à accepter des concessions salariales au nom du partage du travail. On pourrait alors assister à un rattrapage salarial, au moins partiel, avec comme conséquence un renchérissement des coûts salariaux. Le passage aux 35 heures a montré que des goulets d'étranglement pouvaient survenir dans certaines branches d'activité comme le bâtiment et travaux publics (BTP), l'hotellerie-restauration, les services informatiques… qui ont connu une pénurie de main-d'œuvre. Il en résulte des pertes de production ainsi qu'une pression à la hausse sur les salaires, ce qui est finalement préjudiciable à l'emploi.

Le financement des 35 heures (par allégement des charges) repose sur un « échafaudage » pour le moins précaire. Dès le départ, les partenaires sociaux ont refusé d'utiliser les excédents d'organismes sociaux tels que l'UNEDIC. Pour financer la réduction des cotisations sociales liée à la réduction du temps de travail, l'État a dû recourir à toute une série de ressources fiscales, comme des taxes sur le tabac ou l'alcool. L'augmentation de certaines de ces taxes peut se révéler contradictoire avec l'objectif de baisse des prélèvements obligatoires affiché par le gouvernement et réduire durablement les capacités de dépenses de l'État et des organismes de sécurité sociale.

Enfin, les modèles théoriques analysent l'impact d'une RTT sur le NAIRU, c'est-à-dire sur le taux de chômage n'accélérant pas l'inflation (voir chapitre 9). Sur très longue période, cet impact paraît très limité. La baisse tendancielle de la durée du travail dans tous les pays industrialisés s'est accompagnée d'une grande stabilité du chômage de long terme dans ces différents pays. Autrement dit, une RTT peut à court-moyen terme résorber le chômage mais n'a pas de réels effets sur le long terme.

Le passage aux 35 heures n'a pas eu les effets désastreux que le MEDEF prédisait. Il a permis aux entreprises de négocier une réorganisation du travail vers plus de flexibilité. Les salariés se déclarent de leur côté très majoritairement satisfaits par la RTT.

Mais sa mise en œuvre se révèle délicate : son financement dépend des rapports de force entre les partenaires sociaux, et l'aide de l'État ne peut être substantielle qu'en période de croissance.

Si la baisse du chômage imputable à la réduction du temps de travail n'est pas négligeable, elle ne résout pas les causes profondes du sous-emploi. La RTT relève d'un dispositif défensif qui envisage un rationnement durable du volume de travail.

Dans une perspective de plein-emploi, il faut aussi s'interroger sur les moyens d'accroître le potentiel de croissance de l'économie.

CHAPITRE 12

Est-ce que les dépenses actives pour l'emploi sont efficaces pour lutter contre le chômage ?

Les politiques de l'emploi peuvent se définir comme l'ensemble des mesures visant à agir sur l'offre et la demande de travail en dehors des politiques économiques conjoncturelles et des politiques d'assistance (aides sans contrepartie aux plus défavorisés).

Elles combinent des mesures :

– « passives » sous la forme d'indemnisation du chômage et d'incitation au retrait d'activité (préretraites, retour aux pays des travailleurs immigrés, allongement de la scolarité…) ;

– « actives » dont les objectifs sont multiples : améliorer le fonctionnement du marché du travail par une mise en relation plus efficiente des offres et des demandes d'emploi (*job matching*), stimuler la demande de travail (subventions à l'emploi dans le secteur privé et emplois non marchands aidés dans le secteur public ou associatif, aide à la création d'entreprise) et favoriser l'embauche des demandeurs d'emploi grâce à la formation professionnelle.

La plupart des pays ont accentué leurs efforts concernant les dépenses pour l'emploi (DPE) avec la montée du chômage. En France, la DPE a représenté en 2008 plus de 4 % du PIB (contre 0,9 % en 1973), ce qui en fait le deuxième poste budgétaire après l'Éducation nationale. Près de 1 800 000 personnes sont entrées dans les dispositifs spécifiques de la politique de l'emploi la même année.

Dans le même temps, la structure des dépenses pour l'emploi s'est modifiée pour laisser une part grandissante aux dépenses « actives » dans presque tous les pays (bien que de fortes disparités subsistent).

À quelles préoccupations répond « l'activation » des dépenses pour l'emploi ? Permet-elle de lutter plus efficacement contre le chômage ? Ne rencontre-t-elle pas des effets pervers ?

1. – L'activation des dépenses pour l'emploi est souhaitable...

a. – Un chômage de masse impose de développer les dépenses actives pour l'emploi

Le développement des dépenses passives pour l'emploi est concomitant de l'éclatement de la crise et de l'augmentation du chômage. La mise en place d'un système d'indemnisations chômage relativement « généreux » au milieu des années 1970 s'explique par la perception que les hommes politiques ont du chômage à cette époque. Il est perçu comme transitoire, lié à un ralentissement conjoncturel, les politiques macroéconomiques expansionnistes devant permettre le retour au plein-emploi.

Dans ce contexte, l'indemnisation chômage doit permettre d'atténuer les effets sociaux liés à la perte d'emploi (et accessoirement limiter la contestation sociale) et assurer la transition vers un nouvel emploi.

Avec le développement d'un chômage de masse et l'incapacité des politiques de relance à y faire face, la perception du sous-emploi se modifie. Il s'agit alors de diminuer l'offre de travail dans un contexte de pénurie d'emploi jugée durable. En France, le choix va se porter principalement sur les retraites anticipées et les dispenses de recherche d'emploi financées sur fonds publics. Ces mesures paraissent toutefois contradictoires avec l'objectif d'augmenter le taux d'emploi des seniors afin de faciliter le financement des retraites, c'est la raison pour laquelle elles sont appelées à fortement reculer dans les prochaines années.

Face à l'augmentation rapide des dépenses « passives » et à leur incapacité à juguler le chômage, l'accent va être mis sur les dépenses « actives » de l'emploi, conformément aux recommandations de l'OCDE.

« L'activation » des DPE apparaît légitime en particulier lorsque le chômage de longue durée se développe (en 2008 en France, sur 100 chômeurs, 40 le sont depuis plus d'un an).

En effet, l'éloignement prolongé du marché du travail réduit la probabilité de retrouver un emploi. L'altération et/ou l'obsolescence des qualifications que subit le demandeur d'emploi avec l'allongement de la durée du chômage réduit sa productivité et donc son « employabilité ». S'il existe une inadaptation des qualifications des chômeurs aux besoins de l'économie, la mise en place de programmes de formations devient alors un objectif de la DPE.

De même, des mesures spécifiques (ciblées) sont justifiées pour pallier des dysfonctionnements sur le marché du travail en particulier vis-à-vis des jeunes sans qualification ou des travailleurs « âgés » qui souffrent d'un chômage structurel.

En améliorant l'adéquation entre l'offre et la demande d'emploi, les politiques actives de l'emploi diminuent le chômage frictionnel (qui résulte des délais d'ajustement de la main-d'œuvre, d'un emploi à l'autre).

Elles contribuent à réduire les emplois vacants, ce qui freine la pression à la hausse sur les salaires engendrée par une pénurie sectorielle de main-d'œuvre et augmente l'emploi.

Mais c'est aussi un moyen de stimuler la reprise d'emploi en faisant peser sur les chômeurs des incitations positives ou négatives.

b. – Elle permet de lutter contre les « trappes à inactivité »

Des politiques « d'activation » des dépenses passives ont été mises en œuvre dans la plupart des pays industrialisés dans les années 1990. Malgré de fortes disparités entre les pays, la part de l'indemnisation du chômage dans le total des dépenses pour l'emploi n'a cessé de reculer. Cela s'explique « mécaniquement » lorsque le chômage recule : moins d'indemnisations chômage sont à distribuer.

Mais c'est surtout l'adoption de mesures restrictives qui en est la cause.

D'une part, les durées de travail exigées pour l'ouverture de droits à l'assurance chômage ont été allongées.

D'autre part, les contrôles et les sanctions ont été systématisés, la preuve d'une recherche active d'emploi devant être apportée par le chômeur pour continuer à percevoir des allocations.

L'idée sous-jacente, c'est que des allocations généreuses augmentent le niveau moyen du chômage. La théorie du *job search* (ou chômage de prospection) apporte des éléments d'explication : des indemnités chômage élevées haussent le salaire de réservation du chômeur (c'est-à-dire le salaire minimum pour lequel il est prêt à travailler) et prolonge la recherche d'emploi (pour plus de détails, voir chapitre 6). On parlera de trappe ou de piège à inactivité lorsqu'un bénéficiaire d'allocations (qu'il s'agisse d'indemnités chômage, du RMI ou de minima sociaux) ne trouve pas intérêt à quitter l'un de ces dispositifs pour occuper une activité rémunérée déclarée.

Si l'écart entre un revenu d'activité (surtout s'il s'agit d'un temps partiel) et le revenu de remplacement est insuffisant, l'incitation à reprendre un travail sera également faible.

Si l'on considère qu'il existe un chômage « volontaire », on peut soit diminuer les prestations soit accroître les revenus d'activité.

En France, l'adoption en 1993 de l'allocation unique dégressive (AUD) a contribué à diminuer l'indemnisation du chômage : la réduction par palier des allocations a accru le nombre de chômeurs en fin de droits. En 2008, 47,5 % des demandeurs d'emploi n'étaient pas indemnisés ; un taux de couverture par l'assurance chômage qui s'est fortement réduit depuis les années 1990.

La prime pour l'emploi (PPE) adoptée par la loi du 30 mai 2001 a pour objectif d'accroître les revenus d'activité en accordant un crédit d'impôt aux ménages à bas revenus salariaux. Il s'agit de « rendre le travail payant » (*making the work pay*) et ainsi d'inciter à la reprise d'un emploi ou au maintien dans l'emploi des personnes peu qualifiées. En 2008, la PPE concernait une personne sur trois exerçant une activité professionnelle, pour un montant de 480 euros en moyenne, soit près de 4 % de leur revenu d'activité. Compte tenu du nombre de ménages concernés, la PPE peut contribuer à réduire les trappes à inactivité. L'instauration du RSA (Revenu de Solidarité Active) qui doit se substituer au RMI, à l'allocation de parent isolé (API) et à la PPE, vise également à assurer un complément de revenu pour les travailleurs pauvres qui pourront cumuler un revenu d'activité et un revenu de solidarité.

Si l'activation des dépenses pour l'emploi est justifiée lorsqu'il s'agit de favoriser le retour à l'emploi et réduire les durées de chômage, des interrogations subsistent quant à la mise en œuvre et aux effets de ces mesures.

2. – ... mais ne va pas sans poser des problèmes

a. – Les dépenses actives sont sélectives

Depuis ces vingt dernières années, même les dépenses dites passives ont été accompagnées de propositions de retour à l'emploi. Les chômeurs indemnisés peuvent bénéficier, sous conditions, de mesures spécifiques d'accompagnement. On peut citer :

– les conventions de conversion, instaurées en 1987, dont l'objectif est de faciliter le reclassement des chômeurs licenciés pour motif économique. Les bénéficiaires profitent d'un suivi personnalisé (actions de formation, aide à la recherche d'emploi...) tout en percevant une allocation chômage supérieure à 70 % du salaire de référence ;

– l'allocation de formation-reclassement (AFR), instaurée en 1988, a pour objectif de favoriser la reconversion professionnelle des chômeurs indemnisés grâce à des actions de formation « sur-mesure » ;

– le contrat de transition professionnelle (CTP) instauré à titre expérimental en 2006 et élargi depuis est proposé à tous les salariés licenciés quels que soient leurs droits à l'assurance chômage. Le titulaire du CTP bénéficie de mesures d'accompagnement et de périodes de formation ; il perçoit pendant la durée de ce contrat (soit un an) une allocation de transition professionnelle s'élevant à 80 % du salarit brut précédent.

Jusqu'à l'adoption du CTP, ces dispositifs ont concerné relativement peu de chômeurs puisqu'ils étaient ciblés sur les seuls chômeurs indemnisés, les moins en difficulté. En effet, même les conventions de coopération ont favorisé les chômeurs les plus employables dans la mesure où les aides versées aux entreprises sont proportionnelles aux allocations chômage. Ce sont donc les chômeurs les plus qualifiés qui ont le mieux tiré leur épingle du jeu.

Le Plan d'aide au retour à l'emploi (PARE, instauré le 1er juillet 2001) va progressivement se substituer aux anciens dispositifs d'activation. Désormais, tous les chômeurs indemnisés doivent définir avec le Pôle emploi un Projet d'action personnalisé (PAP) visant un véritable parcours de réinsertion. Il doit en résulter un traitement plus égalitaire des chômeurs indemnisés. Mais les chômeurs non indemnisés, qui représentent 47 % des demandeurs d'emploi, risquent d'être une nouvelle fois les oubliés de la politique de l'emploi.

On peut relever la même sélectivité dans les dépenses actives pour l'emploi.

Les emplois-jeunes (contrats de cinq ans subventionnés à hauteur de 80 % du SMIC par l'État adressés aux jeunes de 18 à 25 ans) dont l'objectif était d'apporter une expérience facilitant l'insertion sur le marché du travail, ont principalement profité aux jeunes les plus diplômés. En effet, 80 % des bénéficiaires ont au moins le bac. On peut en conclure que les emplois-jeunes ont contribué à accentuer les inégalités entre les plus diplômés et ceux qui ont quitté précocement le système scolaire.

Autrement dit, les candidats aux nouveaux dispositifs de lutte contre le chômage sont rarement ceux qui en ont le plus besoin.

b. – Des dispositifs source d'effets pervers

La priorité donnée aux dépenses actives pour l'emploi depuis le milieu des années 1980 a conduit la plupart des pays à durcir les conditions ouvrant droit à l'indemnisation du chômage.

Le Royaume-Uni en est une bonne illustration : « la réduction des droits à l'indemnisation, les menaces de radiation associées à un contrôle sévère de la recherche d'emploi et de la disponibilité pour l'emploi ont engendré des transferts vers l'inactivité et l'assistance » (*cf. Réduction du chômage, les réussites en Europe*). L'obligation d'accepter un emploi (de plus en plus éloigné du profil du candidat) se renforce au fur et à mesure que l'ancienneté au chômage progresse. C'est une société dans laquelle le *workfare* (une aide de la collectivité contre une activité) se substitue au *welfare* reconnaissant à l'État le devoir inconditionnel de « mettre l'homme à l'abri du besoin » (William Beveridge).

Si les offres d'emplois non satisfaites sont nombreuses, il semble légitime que l'action publique favorise activement le retour à l'emploi y compris en sanctionnant les chômeurs refusant les emplois proposés. Mais en période de chômage de masse, cette politique conduit à accentuer la concurrence pour l'accès aux emplois disponibles et, *in fine*, à pousser les chômeurs à accepter n'importe quel emploi, qu'il soit inadapté au travailleur et/ou de mauvaise qualité. Dès lors, l'enjeu principal pour chaque société concerne la définition de l'« emploi convenable », celui qui ne peut être refusé sans s'exposer à une sanction, sous peine de voir se dégrader la qualité de l'emploi.

Les dispositifs actifs d'aide au retour à l'emploi, aussi légitimes soient-ils, peuvent aussi générer des effets pervers. C'est le cas en particulier des mesures « ciblées » qui visent certaines catégories plus fragiles face au chômage (jeunes, travailleurs non qualifiés, chômeurs de longue durée, actifs âgés...).

– On peut parler d'effet de substitution lorsque les entreprises embauchent des travailleurs bénéficiant de subventions à l'emploi (comme des réductions de charges sociales) au détriment d'autres chômeurs. L'effet net sur le volume de l'emploi est nul, il y a simplement modification de l'ordre de la file d'attente sans que le taux de chômage global ne diminue.

– Il peut y avoir effet d'aubaine lorsque les entreprises bénéficient d'une mesure d'exonération à l'embauche alors que l'emploi aurait été créé sans la mesure. Dans ce cas, le dispositif n'a fait que subventionner l'entreprise sans avoir d'effet sur l'emploi (du moins à court terme).

– Des mesures de discrimination positive (favoriser une catégorie par rapport à une autre) peuvent générer des effets de stigmatisation. Un « public » bénéficiant d'une aide au retour à l'emploi pourra être jugé comme moins productif par les entreprises (sinon comment justifier ces aides ?), ce qui légitime en retour la préférence des employeurs pour d'autres catégories de chômeurs.

Favoriser l'aide au retour à l'emploi est un objectif essentiel dans la lutte contre le chômage. À ce titre, l'activation des dépenses pour l'emploi emporte aujourd'hui largement l'adhésion.

Pour autant, réduire la part des dépenses passives ne va pas sans danger. Le risque est alors de transférer la prise en charge des chômeurs de l'assurance vers l'assistance (solidarité de l'État) sans réduire le chômage.

Il faut en outre que les dispositifs d'aide au retour à l'emploi bénéficient prioritairement à ceux qui en ont le plus besoin, c'est-à-dire les chômeurs les plus éloignés du marché du travail. C'est le seul moyen de réduire les inégalités face à l'emploi et de lutter contre le « noyau dur » du chômage.

BIBLIOGRAPHIE

ALBERTINI J.-M., *Le chômage est-il une fatalité*, PUF, 1996.

BIHR A., PFEFFERKORN R., *Déchiffrer les inégalités*, Syros, 1999.

CAHIERS FRANÇAIS, *Les nouvelles questions de l'emploi*, La documentation française, sept.-oct. 2001.

CAIRE G., *Économie du travail*, Bréal, 2001.

CEREQ, Des emplois plus qualifiés, Bref, 2008.

CONSEIL D'ANALYSE ÉCONOMIQUE, *Réduction du chômage : les réussite en Europe*, La documentation française, 2000.

CONSEIL D'ANALYSE ÉCONOMIQUE, *Plein emploi*, La documentation française, 2000.

CONSEIL D'ANALYSE ÉCONOMIQUE, *Temps de travail, revenu et emploi*, La documentation française, 2007.

DARES, *La politique de l'emploi*, La découverte, Repères, 1997.

DUCHÊNE S., *Le plein emploi est-il encore accessible ?* Ecoflash, janv. 2002.

L'état de la France, La découverte, 2001-2002.

DELAS J.-P., *Économie contemporaine*, Ellipses, 2001.

FREYSSINET J., *Le chômage*, La découverte, Repères, 2000.

FREYSSINET J. (sous la dir.), *Travail et emploi en France*, Les études de la documentation française, 2006.

GAUTIÉ J., *Coût du travail et emploi*, La découverte, Repères, 1998.

INSEE, *France, portrait social*, édition 2008.

INSEE, *Les tableaux de l'économie française*, 2001-2002.

IRES, *Les marchés du travail en Europe*, La découverte, Repères, 2000.

SÉBASTIEN J., *Les pays à bas salaires menacent-ils l'emploi ?*, Ecoflash, nov. 1997.

LECLERCQ E., *Les théories du marché du travail*, Seuil, 1999.

MARCEL B., TAÏEB J., *Le chômage aujourd'hui*, Nathan, 1991.

STAMBOULI M., *L'économie du travail*, Nathan, 2000.

TASSO G., *Flexibilité du travail et performances d'emploi*, Ecoflash, janv. 2001.

TEULON F., *Travail et emploi*, Ellipses, 1999.

TUCHSZIRER C., *Le PARE, outil d'un nouveau parcours d'insertion pour les chômeurs ?* in Problèmes économiques n° 2.718, juin 2001.

INDEX

Avantages comparatifs 29
BIT, 10
Capital humain 49
Chômage de prospection 60, 121
Chômage frictionnel 59, 120
Chômage involontaire 56, 59, 64
Chômage structurel 44, 120
Chômage volontaire 56, 59, 122
Coin fiscal 77-78
Courbe de Beveridge 99
Courbe de Philipps 97
Coût unitaire du travail 30, 111
Coûts salariaux 26, 30, 111
Déclassement 53, 54
DEFM 8, 9
Délocalisations 27
DIT 24, 25
Effet boule de neige 105
Effet d'éviction 105
Emplois atypiques 14, 88
Flexion du taux d'activité 93, 113
Formation 47, 120
Gains de productivité 37, 111
Halo du chômage 13
Hystérèsis 63, 99
IDE 29
Indice d'employabilité 17
Indice de sélectivité 17
Indice de vulnérabilité 17
Monétarisme 106
NAIRU 97-98
Nouvelle école classique 106
Pacte de stabilité 103-104
PBSCT 24-25
Policy mix 102
Productivité 34, 37, 40, 42
PSERE 11
Salaire de réservation 57
Taux d'activité 14
Taux de chômage 16, 18-19
Théorème d'équivalence 106
Théorème de Schmitt 39
Théorie de la segmentation 66
Théorie des contrats implicites 62
Théorie du filtre 53
Théorie du salaire d'efficience 61
Théorie insiders/outsiders 63
Transfert de technologie 25
Triangle des incompatibilités 107

Achevé d'imprimer sur les presses de la SEPEC - 01960 PERONNAS
N° d'imprimeur : 090519103
Dépôt légal : juin 2009
7157804/01

Imprimé en France